15 Lecciones sobre el Nuevo Pensamiento

ELIZABETH TOWNE

Traducción de
Marcela Allen Herrera

WISDOM COLLECTION
PUBLISHING HOUSE

Wisdom Collection LLC /Publishing Company
McKinney, Texas 75070
www.wisdomcollection.com

15 Lecciones sobre el Nuevo Pensamiento – 1° Edición.
ISBN: 978-1-63934-047-7

La versión original de este libro fue publicada en el año 1919, por la destacada escritora metafísica y maestra espiritual, Elizabeth Towne.

Para otros títulos y obras del Nuevo Pensamiento, visita nuestro sitio web

CONTENIDOS

INTRODUCCIÓN

El objetivo de este libro es exponer, de forma lógica y práctica, la nueva filosofía de vida y del vivir. Para ello, debo ajustarme a una exposición clara de la propia filosofía sin tratar de darte demasiadas pruebas. Podrían ser necesarias setenta conferencias para razonar y hacer que aceptes la nueva visión de la vida, y aun así no estarías convencido.

¿Por qué? Porque la razón es un laberinto interminable del que nadie sale sin la ayuda de una sabiduría superior a la suya. La razón es el rompecabezas chino original, siempre sin resolver, hasta que te elevas por encima de la razón, por encima del laberinto, y miras hacia abajo para ver hacia dónde vas.

Los muros y los muros dentro de los muros del laberinto de la razón son tus prejuicios. Nadie sube por encima de un prejuicio; simplemente busca la primera salida en torno a él y se encuentra en otro callejón del laberinto. La única manera de conocer un callejón sin salida antes de verlo, la única manera de conocer tu propio muro de prejuicios cuando lo ves, es subir en un globo y mirar hacia abajo.

Una vez que admitas que hay una forma de situarse por encima de la razón, que hay una inteligencia por encima de la razón, en la cual la razón vive y se mueve y por la cual se expande y crece, te encontrarás arriba, mirando por encima de los muros de esos callejones sin salida de la razón que conducen a más callejones sin salida. Si continúas mirando por encima de la razón, acabarás derribando muchos de sus muros de prejuicios, que no sirven para nada más que para cortar la visión de la vida como un todo.

"Una mente estrecha" es un término muy expresivo; describe exactamente la mente cuya energía fluye entre interminables muros de prejuicios que no hacen más que cerrar su visión de las cosas más grandes, mientras vaga sin cesar por callejones mentales que conducen a más callejones mentales, al cansancio, a la muerte.

Estos callejones de prejuicios —comunes a toda la humanidad— son callejones construidos mediante el razonamiento a la luz de los cinco sentidos físicos solamente. Solo cuando la persona se da cuenta de que son inadecuados y se aleja anhelando una satisfacción nunca encontrada, se da cuenta de que, después de todo, puede haber más en la vida de lo que ha visto, olido, sentido, oído o saboreado.

Entonces, mira hacia arriba desde sus callejones mentales y vislumbra: un PRINCIPIO, en lugar de las cosas; Dios por encima de las cosas y en ellas, en lugar del ser humano solo e inadecuado.

"El que se acerca a Dios tiene que creer que él existe y que recompensa a quienes lo buscan".

Tal vez haya algunos que no puedan alejarse de sus prejuicios el tiempo suficiente para captar realmente la nueva visión de la vida. Entonces, sigamos la pista de Shakespeare y juguemos a fingir. "Si todo el mundo es un escenario" y nosotros somos actores, elijamos dejar a un lado nuestros antiguos papeles mientras leemos estas páginas, y asumamos el nuevo papel de la filosofía del nuevo pensamiento, olvidando lo antiguo y poniendo en lo nuevo toda la imaginación, la voluntad y el interés que esté a nuestro alcance.

Asumamos una filosofía, si no la tenemos.

Juguemos a imaginar, como los niños.

Solo como niños pequeños podemos entrar en un nuevo cielo y en una vida transformada.

CAPÍTULO 1

EL FUNDAMENTO DE LA VIDA

Todos nuestros Darwins, Huxleys y Haeckels, finalmente, han llegado a estar de acuerdo en que detrás de todas las formas vivas, y detrás de la mismísima primera ameba, hay Algo a lo que el ojo, el microscopio y el bisturí no pueden hacer frente; un Algo que infunde todo, animado e inanimado, sin lo cual esa cosa no puede formarse ni mantenerse unida.

El científico aprueba y afirma este Algo, pero se niega a definirlo. El religioso intenta definirlo, pero no consigue demostrar su existencia ni su naturaleza.

El científico dice: "No puedo ver, oír, oler, saborear o sentir este Algo, por lo tanto, no sé lo que es. No vale la pena considerar nada, excepto lo que se puede conocer".

El religioso dice: "Veo que hay un Algo que se mueve en el corazón de toda la naturaleza, incluido el ser humano; este Algo debe ser muy poderoso, por lo que averiguaré su voluntad y trabajaré con él; le suplicaré que me ilumine y me guíe".

Así, el científico indaga en las cosas y encuentra a Dios; mientras que el religioso aspira a estar por encima de las cosas, y encuentra a Dios —un Dios, la vida de toda la vida, y más.

¿Qué es Dios, la Primera Causa, la Vida, el Motor Principal de toda la creación? "Dios es Amor", dice el Gran Libro. "Dios es Mente", "Dios es Principio", "Dios es Vida", "Dios es Espíritu", "Dios es Alma".

Alexander Pope dice que toda la creación es "un magnífico Todo, cuyo cuerpo es la naturaleza, y Dios el alma". Y también: "Del alma toma la forma el cuerpo".

En términos sencillos, Dios es la sustancia primordial que llena todo el espacio, todo el tiempo; de la cual y por la cual están hechas todas las cosas.

La naturaleza de Dios es la mente. El modo de movimiento de la mente universal es el pensamiento. Dios pensó o pronunció el universo para que existiera, y Dios sigue pensando este universo hacia un ser más grande; pensando en ti y en mí, y también en todas las formas de vida inferiores.

Creo que es lógico, y quizás seguro, decir que Dios no puede pensar sino a través de ti y de mí; que todo el pensamiento que tiene es tu pensamiento y el mío, el pensamiento de todas las formas de vida que existen o han existido, en este mundo y en todos los mundos.

Dios, mediante su pensamiento, se está demostrando a sí mismo, y todavía no ha demostrado más que la suma del pensamiento de todos los pueblos y mundos.

2

Dios está pensando en una gran inspiración suya, y el universo es su pensamiento organizado.

Las formas de pensamiento de Dios son todas temporales, cambiando siempre de lo bueno a lo mejor. Pero Dios mismo es absoluto, el mismo ayer, hoy y siempre.

No obstante, la mente es solo el carácter de Dios. Detrás de eso hay algo más que es él mismo, su ser, su esencia, su sustancia absoluta.

En carácter, Dios es Mente; en esencia, es Amor. Detrás del pensamiento está el Amor, el Espíritu, el Alma; y el pensamiento que no incorpora este espíritu-amor universal, en cada consejo es un pensamiento muy estrecho, limitado e inadecuado, en realidad.

"Dios es amor" se remonta a la verdad absoluta, eterna y omnipresente de todo ser, al motor principal de todo hacer.

Dios es amor, y el amor es doble, compuesto por partes iguales de voluntad y sabiduría. La voluntad es activa o positiva; la sabiduría es receptiva o negativa. La voluntad corresponde al principio masculino de toda la creación, la sabiduría al femenino. Una se expande y proyecta; la otra conserva. En cada diminuto átomo, ion y corpúsculo de vida están presentes estos dos principios. Sin los dos no habría existido nunca el principio de creación.

En el fondo no hay más que un principio dual de vida, masculino y femenino, voluntad y sabiduría, inherente a cada átomo y a cada organismo de vida, a cada pensamiento de cada mente: "Varón y hembra los creó" —no varón o hembra. Entre las formas de vida, todo lo masculino es femenino por dentro, y todo lo femenino es masculino por dentro. Debido a esto existe una atracción eterna entre ambos.

Un equilibrio perfecto de este principio dual en cualquier organismo tendría como resultado la separación de sus semejantes, la vida ermitaña sin utilidad para la sociedad en su conjunto.

Esto se ilustra en la vida mineral con un pequeño experimento. Toma una barra de hierro magnetizado. Un extremo es negativo, el otro es positivo. Córtala en trozos. Los trozos, cada uno de los cuales tiene su polo positivo y su polo negativo, se adherirán entre sí. Pero dale la vuelta al trozo del medio, juntando dos positivos, y no podrás hacer que se adhieran.

Magnetiza dos agujas, colócalas con los polos positivos juntos y se separarán al instante. Gira una aguja hacia el otro extremo y se pegarán. Así funciona la atracción, siempre entre lo positivo y lo negativo, lo masculino y lo femenino, la luz y la oscuridad, la voluntad y la sabiduría.

La voluntad, el principio masculino de la vida, es eléctrica, positiva en su acción. Es la fuerza centrífuga que arroja energía, como el sol arroja rayos y mundos.

La sabiduría, el principio femenino, es magnética, atractiva, negativa, la fuerza centrípeta de la naturaleza que atrae y une, como la tierra atrae los rayos eléctricos del sol, como la matriz atrae, retiene, conserva la semilla.

Es la fuerza centrípeta magnética que equilibra el poder eléctrico, irradiante y proyectivo del sol.

Estas dos fuerzas son inherentes a cada átomo, ion y corpúsculo del universo; a cada pensamiento del universo.

Vuelve ahora al principio de las cosas e imagina el estado del espacio —lleno de Amor, de Mente, de Dios; lleno de pensamientos no formados— pensamientos (o corpúsculos; son uno) difundidos como el vapor; todos los corpúsculos o pensamientos exactamente iguales, mantenidos equidistantes entre sí por la misma acción de las fuerzas eléctricas y magnéticas inherentes a cada uno; todos girando en sus ejes y en sus órbitas, tal como giran los mundos hoy en día.

Entonces, Dios, el Amor, la Voluntad y la Sabiduría, se movió sobre la faz de las profundidades para organizar estos corpúsculos en Ideas. Dios quería un caleidoscopio para divertirse. Por así decirlo, se cansó un poco de la uniformidad de su pensamiento, y una ola de relajación, de enfriamiento, recorrió la faz de las profundidades, lo que perturbó el equilibrio de los corpúsculos eléctricos y magnéticos. Empezaron a juntarse en pequeños núcleos, en pequeñas manchas nebulosas, cada vez más cerca en puntos, separándose de otras congregaciones de corpúsculos, tal como se describe en la hipótesis nebular de la creación.

Cuando los dos primeros corpúsculos (o pensamientos) se acercaron en el espacio, comenzó la creación o la organización viviente. Aquí tenemos nuestra primera visión de los maravillosos Siete Principios de la Creación, sin los cuales nada de lo que ha sido hecho, fue hecho; los siete principios inherentes a cada pequeño corpúsculo eléctrico-magnético, masculino y femenino, en todo el tiempo y el espacio; inherentes a todo ser vivo que haya aparecido hasta ahora, incluido el ser humano y los espíritus o mahatmas, si es que existen; los siete principios por los que Dios crea, los mismos siete principios por los que tú y yo creamos y recreamos. Dios pensó este universo por sí mismo, hasta que lo completó, incluyendo al ser humano. Pensó a la humanidad a su imagen y semejanza, para que el ser humano pudiera pensar con él, trabajar con él, en toda la creación venidera. El ser humano es la Idea de Dios; y las Ideas de Dios están trabajando juntas en él y con él —mediante esos mismos siete principios antiguos— para crear glorias más grandes de las que Dios o la humanidad han soñado; más grandes de las que Dios o la humanidad podrían lograr solos.

Tú eres el pensamiento-hijo de Dios, y tus ideas son los nietos de Dios, por así decirlo.

Esta es tu genealogía —no te mezcles con la herencia terrestre. Como expresa Ella Wheeler Wilcox:

"Detrás de tus padres y de tus abuelos está la gran voluntad eterna; esa también es tu herencia; fuerte, hermosa, divina; una garantía de éxito para el que intenta".

Y el padre, los hijos y los nietos están trabajando juntos en un Gran Trabajo: el trabajo de hacer un nuevo cielo y una nueva tierra, un cielo y una tierra más grandes, más brillantes y mejores para la alegría de todos; un cielo y una tierra que demostrarán el sueño que Dios soñó antes de empezar a pensar.

CAPÍTULO 2

LOS SIETE PRINCIPIOS DE LA CREACIÓN

Volvamos a nuestros siete principios por los que Dios piensa una creación; por los que tú y yo nos regimos; por los que nuestros pensamientos se rigen en su acción sobre la creación posterior de nosotros mismos y de nuestro entorno.

En primer lugar, recuerda que el principio dual de toda la vida, la esencia de Dios y de ti, la Voluntad y la Sabiduría (masculino y femenino; eléctrico y magnético), es indivisible, inseparable, omnipresente, omnipotente, omnisciente. Es uno, como lo son las dos hebras tensas de una cuerda —una hebra superior y activa en este punto, la otra en el siguiente, pero ambas plenamente presentes e indivisibles.

Los siete principios son las leyes inherentes por las que la voluntad y la sabiduría llevan a cabo la creación. También pueden compararse con una cuerda de siete hebras, de siete colores, bien trenzada, en la que, en su

8

turno, cada hebra es superior y, en su turno, cada una domina y da color al conjunto.

Estos siete principios actúan por igual en cada minúsculo corpúsculo, ion y átomo del universo; gobiernan la formación y el girar de los mundos; se manifiestan en su totalidad en las formas más inferiores de la vida vegetal, así como en las formas más elevadas de la vida animal y la vida humana.

Los mismos siete principios rigen en la fundación, perpetuación y desintegración de la familia, la sociedad, secreta o no, la escuela, la ciudad, el estado, el gobierno, el mundo en general. Dondequiera que haya un átomo, un pensamiento o una organización, ya sea microscópica o telescópica, mineral, vegetal, animal, humana o sobrehumana, allí actúan los siete principios. Deja que uno de estos principios sea descuidado en su trabajo, y toda la creación y la propia imaginación se detendrían con la conmoción.

Los siete principios por los que Dios crea están tan presentes en todas partes como Dios mismo. Ni siquiera "la palabra ociosa" es tan pequeña como para que los siete principios completos no estén plenamente activos en ella. ¿Lo entiendes?

¿Y entiendes la verdad de que Dios está en su mundo así como en su cielo; que toda la "materia" es pensamiento, y que en cada átomo de pensamiento y en cada organización de átomos están los siete principios creadores de la vida por los que Dios-en-nosotros organiza y hace crecer las cosas?

1. El primero de los siete principios es la Fuerza; el poder, con su color rojo fuerte y crudo. Los rojos de la naturaleza muestran donde residen todos los principios con el primero, la fuerza, en primer lugar. La familia o la persona dominada por este principio es ruda, grosera, impetuosa por encima de la sabiduría, y a menudo la encontrarás alojada en edificios rojos, vistiendo ropas rojas, frecuentemente desgarrando en rabietas rojas; creyendo en el fuego del infierno y en la vara, y poniendo de su parte para alimentar a uno y ejercitar al otro.

Estas personas no están en absoluto desprovistas de amor o de sentido o de sabiduría; simplemente están dominadas, durante un tiempo, por el primero de los siete principios, al igual que las rocas rojas afiladas y sólidas son dominadas por las fuerzas.

La fuerza, el primer principio, atrae a las cosas y las mantiene unidas. Si la fuerza fuera el único principio, la creación podría ser una roca roja irregular; o quizás una esfera de roca roja.

2. Pero aquí entra la Discriminación, el segundo principio, con su delicado color rosado. Aparece un poco en nuestra familia roja, pero sus cualidades positivas están por debajo, como ideales y anhelos que la familia quiere realizar pero no puede hacerlo del todo. La familia o la persona en la que predomina la discriminación es muy delicada; le gustan los colores delicados, el arte elevado; tiene una voz apagada; detesta el arte burdo; desprecia los negocios, la fuerza y el poder; y es crítica y buscadora de fallos en general. Una persona así puede

poseer toda clase de virtudes, pero su vida está coloreada y dominada por el segundo principio, la discriminación.

Primero, la vida atrae a los átomos y a las personas; segundo, discrimina, reteniendo a este átomo o a esta persona y rechazando a aquella. 3. A continuación, la vida organiza los átomos o las personas que ha reunido. Aquí viene el tercer principio, el Orden, cuyo color es el azul pálido. ¿Quién no ha visto la familia en la que domina el orden, en la que todo se hace exactamente igual todos los días, la comodidad sacrificada en favor del sistema, con la mismísima atmósfera azul? La persona cuya elección positiva de color es el azul pálido es casi seguro que es una persona en la que domina el principio del orden.

En las formas de vida inferiores, el orden rara vez es el principio dominante, por lo que incluso las flores azules son escasas. Miramos hacia arriba para encontrar los azules, en los cielos, en las colinas lejanas, en los ojos de una persona —"las ventanas de su alma". En las obras humanas encontramos el orden y su azul emergiendo cada vez más a la superficie.

El color azul se atribuye a la sabiduría, y según parece, Hiram Butler[1] identifica la sabiduría y el orden. En mi opinión, esto es como decir que Dios y el orden son uno, pero que Dios y la fuerza, o Dios y la cohesión, son menos uno; pues la sabiduría y la voluntad (o Dios) incluyen los siete principios por igual; así me parece. El orden es solo uno de los principios de acción de la

---

[1] Con respecto a algunas de las ideas expresadas en los capítulos 2, 3 y 4, quedo en deuda con los "Siete Principios Creativos" de Butler.

sabiduría. El arco iris es el color de la sabiduría. Dejemos el azul para el principio del orden.

CAPÍTULO 3

EL DIABLO DE LA
NATURALEZA

Con nuestro último capítulo dejamos la creación en orden, en posesión del tercer principio de la naturaleza, el orden, y todo mostrando un azul claro. Si la vida misma se hubiera tomado unas vacaciones con nosotros, habríamos visto veinticuatro horas de un azul como nadie ha soñado. Ningún cambio en ninguna parte, solo un mundo vibrando al tono del orden, azul cielo; ¡un universo de azul! Afortunadamente, los siete principios siguieron funcionando mientras jugábamos.

Repasemos: En primer lugar, está la Fuerza, el primer principio, el principio de atracción, que atrae las cosas, los átomos, los mundos y las personas.

Helen Wilmans llamó a Dios "la Ley de la Atracción", pero verás fácilmente que se trata de un nombre equivocado, ya que la ley de la atracción es solo uno de los siete principios por los que Dios crea. Cualquier

13

nombre de Dios sería el mismo, lo que no desvirtúa la espléndida reflexión que Helen Wilmans hizo para esta época. Pero su afirmación no debe impedirnos pensar más allá.

Por cierto, el color de la fuerza es el rojo. Helen Wilmans estaba impresionada con la fuerza o el lado de la atracción de la vida, y me han dicho que en el cabello y complexión mostraba los rojos arenosos que pertenecen a ese principio; una interesante ilustración de la forma en que estos principios de la vida afloran en lo que comúnmente se llama "coincidencia".

En segundo lugar viene el principio de la Discriminación, que decide lo que debe ser atraído y lo que debe ser dejado de lado.

En tercer lugar está el Orden, que decide dónde debe colocarse cada cosa.

Luego viene el trabajo del cuarto principio. Después de reunir los átomos o las personas, de discriminar su calidad y de ordenarlas, la Vida las une en una organización. Así llega el cuarto principio de la vida, la Cohesión, el color verde que vemos en la primavera. Para la persona dominada por la cohesión, el verde es el color favorito y cualquier cambio es un horror. Mantener las cosas como están le parece el fin principal de la vida. Su ático está lleno de cosas viejas de las que no puede desprenderse. Sus arcas están llenas de dinero y su cabeza está llena de viejas ideas. Es un clan; sus hijas e hijos están corriendo en el mismo molde con el padre y la madre. Con los ojos verdes, los celos se oponen a la innovación.

La cohesión se refiere a los lazos familiares como algo distinto del progreso familiar. ¡Infelices el hijo y la hija de la casa de los lazos! A menos que estén lo suficientemente vivos como para patalear, para querer por sí mismos, para suscitar un fermento en la familia y liberarse para seguir sus ideales.

Los ideales son la levadura que hace activo el quinto principio de la vida, la Fermentación. Este principio es el verdadero demonio de toda la historia, de toda la mitología, del propio cristianismo. Es el principio destructor de la vida que entra para derribar lo que ha servido a su propósito y debe dar paso a cosas mejores.

El universitario vuelve al hogar apegado por los lazos y levanta el demonio de un fermento que causa mucho dolor, pero que acaba por liberar a todos para que tengan más vida, más crecimiento. La fermentación es el principio de muerte que actúa sobre todas las formas de vida que no son aptas para perpetuarse. Es dominante en los rayos actínicos o destructores del sol que provocan la descomposición. Su color es el azul índigo profundo, o el negro —el color del luto, del dolor, de la pérdida (de lo viejo), de la muerte.

La familia en la que este principio es dominante es la familia del luto, de las habitaciones oscuras, de la ropa negra, de las penas secretas, de las pérdidas y cruces, de los problemas, de las tribulaciones y de la muerte.

En realidad, ese principio no es más doloroso en su acción que cualquier otro de los siete, pero el ser humano lo combate más duramente. Nos encontramos viviendo en

15

la superficie de la vida, juzgando por las apariencias y resistiendo al cambio. La resistencia se debe a la actividad del primer principio, la fuerza. La fuerza mantiene unido, la fermentación separa.

Sin embargo, no hay ninguna razón real para que la acción de uno u otro principio nos produzca dolor. No hay ninguna razón o causa para el dolor que acompaña al cambio y a la muerte, excepto en la mente individual.

Todo está "en tu mente"; de ninguna manera está en alguna cualidad o principio inherente de la naturaleza o de la vida misma, sino en la resistencia antinatural de la mente individual, gobernada por falsos conceptos de la vida.

¿Dudas de esto? Entonces dime por qué un hombre busca la muerte mientras otro la aborrece. ¿Por qué una mujer siente un pacífico alivio ante la muerte de un pariente muy anciano y enfermo, mientras que otra, en condiciones similares, se aflige por ello? ¿Por qué una persona se asusta de lo que otra disfruta? ¿Por qué un hombre disfruta viajar mientras su vecino lo detesta? ¿Por qué uno odia el sabor del aceite de hígado de bacalao mientras a su hermano le gusta? ¿Por qué te "vuelves contra" las cosas que antes te gustaban?

La actitud mental gobierna en todos los casos; y tu actitud mental está determinada por tus conceptos de las cosas en particular y de la vida en general.

Si realmente creyeras lo que los espiritistas dicen creer sobre la muerte de un niño, ¿podrías sentirte algo más que feliz de que un niño haya muerto y escapado de las miserias e incertidumbres de la vida en la tierra?

Tus sentimientos de resistencia a cualquier cosa son provocados por tu creencia en el mal. Te estoy mostrando que no existe el mal; que la vida es una creación ordenada que progresa por la interacción de siete principios beneficiosos. Si puedes captar este concepto —si estás preparado para ello— saldrás para siempre del antiguo reino del pecado, la enfermedad, la muerte y el dolor.

TRANSMUTACIÓN DEL MAL

Aquí entra el sexto principio de la vida, la Transmutación. La fermentación está llena de propósito. Desintegra lo inútil y lo prepara para la transmutación en formas superiores. Del pantano fermentado surge el lirio. De la dura experiencia y el sufrimiento surge la sabiduría. Del amor personal decepcionado surge el amor universal y la ayuda al mundo.

El corazón de Whitman fermentó, se desintegró, estuvo a punto de romperse por un amor no correspondido; con el tiempo vio que el amor es para el amante y para el mundo; y de todo ello surgieron sus poemas inmortales. Todos los grandes hombres y mujeres han tenido una experiencia similar a la de Whitman. El amor menor fermenta y de él surge el amor mayor por toda la humanidad.

La familia misma se desintegra para que avance la raza.

A esto se refería Jesús cuando dijo que había que renunciar al amor familiar, a las casas y a las tierras si se quería alcanzar el Reino. Aferrarse a los amores familiares en contra de la raza, dedicar todo el ser a los amores personales, es invitar a la desintegración. Apreciar el amor familiar como parte del amor de la raza es mantenerlo. Uno no sabe cómo amar bien y felizmente a una persona si no ama primero a todas las personas.

La fermentación llega a la vida de uno para aligerarla y dejar espacio para cosas mayores, para alegrías y amores mayores, para una utilidad y sabiduría más plenas. La fermentación es Juan el Bautista para la transmutación, la cual es Cristo antes de la resurrección.

Todo lo que sale de la vida es para dar lugar a algo mejor. Dejar que las cosas se vayan, en lugar de resistirse y afligirse por el cambio, es trabajar con la sabiduría y la voluntad subyacentes de la vida. La "resignación a la voluntad de Dios" es la clave del crecimiento pacífico y normal. Patalear contra el cambio solo hace que se formen nudos y cicatrices, y desvía la energía de la actividad propia de la vida de crecer.

La transmutación, el sexto principio de la vida, trae reorganización y gloria. Su color es el púrpura claro de la flor de la pasión. Está lleno de pasión, fuego y actividad. La persona en la que la transmutación resulta ser dominante se ve impulsada a pensar fuera de los canales comunes. Sale y se separa, al menos en pensamiento, de las costumbres de su entorno mental y físico. Abandona los viejos hábitos de pensamiento y se orienta hacia una visión más amplia de la vida. El movimiento del Nuevo Pensamiento es un movimiento de transmutación, su gente está dominada por el principio de transmutación.

Pero todavía hay otro principio de vida, el principio de Sensación, la bendición, su color es el amarillo claro del sol.

"Aunque en sí misma la sensación es un principio distintivo, sin embargo, sin su alianza con la materia, con el organismo, no hay sensación. La sensación es un modo de conciencia".

La sensación es el resultado de la incidencia de las ondas etéricas en un organismo construido por la interacción de los seis primeros principios de la vida. La sensación se apodera del organismo, por así decirlo, y lo utiliza por sí misma.

Ningún científico se ha atrevido a decir cómo es la sensación. Es una de esas sustancias eternas que no podemos ver, oír, oler, saborear o tocar; pero sin ella podríamos ver, saborear, oler, oír ni sentir.

En la medida en que puedo percibir la sensación, es Dios; Dios extendiéndose a través de todos los sentidos y familiarizándose con sus ideas, y dirigiendo sus ideas (tú y yo, como sabes) hacia caminos seguros, caminos de utilidad, paz y bendición.

Todo ser organizado se mueve en un mar de vibraciones y al extenderse hacia ellas, aspirando hacia ellas, trabaja con las vibraciones para construir los órganos a través de los cuales se registran esas vibraciones. Los oídos y los ojos, la nariz y los sentidos, son todos marconigrafos.

Cada átomo, cada célula y cada corpúsculo de tu cuerpo es una estación Marconi para captar vibraciones espirituales o etéricas, para beneficio tuyo como un todo.

Y cuanto más organizado está tu cuerpo, mayor es la gama de vibraciones que puede registrar para el uso de esta sustancia espiritual de vida llamada sentido.

La expresión "cinco sentidos" no es científica desde ningún punto de vista. Viéndolo desde el punto de vista material, tenemos tantos sentidos como células y corpúsculos en nuestro cuerpo. Viéndolo desde el lado espiritual, el lado realmente sustancial de la vida, solo tenemos un sentido, que es Dios mismo, el sentido o alma de toda la creación; y este único sentido construye incontables millones de estaciones Marconi por las que obtiene inteligencia, sensaciones, de todo el espacio. Y la vida sigue construyendo mejores y más sensibles marconígrafos. Hay quienes tienen un sexto sentido bien desarrollado y un séptimo que se insinúa. Y los científicos señalan grandes lagunas de vibraciones aún no tocadas por el ser humano, sin mencionar las vibraciones ultravioletas todavía no contempladas. La humanidad está destinada a explorarlas todas.

El sexto sentido de la clarividencia y la clariaudiencia se corresponde con el sexto principio de transmutación. El séptimo sentido, la intuición, el conocimiento claro, corresponde al séptimo principio de la sensación o bendición, y da lugar a la llamada conciencia cósmica.

Todos estos principios y sentidos son inherentes a cada ser humano, y a cada átomo y corpúsculo de la creación. A su debido tiempo, cada individuo estará bajo el dominio de todos y cada uno de los principios; pero siempre los siete completos están trabajando subconscientemente en ti, si no de manera consciente. Y siempre los siete completos están presentes y activos, consciente o inconscientemente, en cada célula vital de la creación.

Nada ha quedado fuera de la composición de nadie; todo está en su sitio, esperando su turno en tu conciencia.

CAPÍTULO 5

LA PLATAFORMA DEL NUEVO PENSAMIENTO

Esto nos lleva a la declaración de nuestras doce tablas de la plataforma del Nuevo Pensamiento, como base para la futura instrucción en el desarrollo del individuo —para la alegría de todos.

Aquí está nuestra plataforma, lo suficientemente amplia, lo suficientemente fuerte no solo para los "ciento cuarenta y cuatro mil" elegidos, sino para toda la humanidad e incluso para toda la creación.

1. Dios es la Mente omnipresente, cuyo modo de movimiento es el pensamiento.

2. La humanidad es la Idea de Dios; los seres humanos son líneas de pensamiento en la mente de Dios; "el ser humano es una declaración de creencias".

3. El pensamiento en su lado activo es la Voluntad o el Deseo; en su lado negativo es la Sabiduría.

4. El Deseo y la Sabiduría están presentes en Dios y en todos sus pensamientos, así como en el ser humano y en

23

sus pensamientos. El Deseo y la Sabiduría mantienen a los planetas en sus órbitas y proyectan a los cometas en su curso.

Asimismo, mantienen al individuo en su lugar y le instan a realizar la idea de Dios en su interior, construyendo mansiones cada vez más majestuosas en la mente y en los materiales. El deseo y la sabiduría también controlan los pensamientos humanos. Ni siquiera una "palabra ociosa" o un pensamiento ocioso es demasiado leve como para no dejarse influir por el deseo que hay en él, y por los deseos que hay fuera de él y que son afines.

5. El deseo es la fuerza primordial de atracción inherente a cada átomo y a cada organización de átomos a través de toda la creación.

6. La Sabiduría es el Patrón, la Idea, inherente a Dios, y a cada átomo, y a cada organización de átomos en toda la creación.

7. El Deseo y la Sabiduría constituyen también los éteres libres (o Dios) en los que toda la creación se mueve y tiene su ser, y por medio de los cuales vive y crece.

8. La vida es una Gran Escuela en la que adquirimos sabiduría mediante la realización de cosas.

9. Todas las formas de hacer las cosas —o las personas— están abiertas para nosotros, sabias y no sabias. Podemos utilizar cualquiera de ellas o ambas. Mediante la experiencia comprobamos que "el camino del transgresor es duro", mientras que "los caminos de la sabiduría son caminos agradables y todas sus sendas son de paz".

Por experiencia comprobamos que los caminos de la sabiduría son lo que deseamos —¿acaso la sabiduría y el deseo no son Uno de eternidad a eternidad? ¿Transgresor de qué? De la ley de todo ser, la Ley de la Unidad, la Sabiduría y el Deseo. (¿Cómo actuarías con otro si pudieras ver tu Unidad con él y reconocer tu sabiduría y tu amor?)

El deseo del individuo es inseparable de su sabiduría: desea lo que cree que es para su bien. Pero él también es uno con el mar universal de la sabiduría y el deseo que se encuentra justo por encima de su conciencia. Esta sabiduría universal desea por él y a través de él, y a menudo, para su beneficio, anula el bien que creía desear. En ese momento le parece duro no poder tener aquello que deseaba; pero más tarde ve que se debía a que no era lo suficientemente sabio en su conciencia como para desear la cosa correcta en el lugar correcto.

Esta Conciencia Universal Única está siempre impulsando a cada persona a la acción correcta, antes de que ésta tenga la suficiente sabiduría para reconocer cuál debe ser la acción correcta.

Este espíritu de sabiduría ilumina a cada persona que viene al mundo y sigue impulsando su expresión a través de él, en todo momento mientras viva. Cuanto más completa sea la dependencia de una persona hacia este espíritu universal que habla en su interior, más seguro estará de elegir siempre el camino de la sabiduría, la paz y lo agradable.

El mundo está creciendo en conocimiento —la única forma en que puede crecer un mundo mental.

Los errores que cometen las personas se deben a que dependen de su reserva actual de sabiduría y conocimiento, considerándose a sí mismas aparte de los demás seres humanos y separadas de Dios, el Espíritu Universal de toda sabiduría.

Las cosas que no se ven son las verdaderas fuerzas y sustancias de la vida: la sabiduría, el amor o el deseo, los ideales.

Las cosas que se ven están siempre cambiando por algo mejor.

Por lo tanto, debemos buscar nuestra paz y felicidad en el interior y valorar la conciencia tranquila por encima de los rubíes. Valorar por encima de los amores, las tierras y los honores esa tranquilidad interior, el bienestar del Espíritu Universal que atestigua con el nuestro que todo está bien, pase lo que pase.

Pero no todo es resignación. A continuación viene la creación. Ya que somos criaturas mentales, pensamos en la creación de cosas nuevas.

¿Deseamos algo? Entonces es nuestro por derecho, siempre y cuando podamos tenerlo sin robar a otro.

Lo siguiente es desearlo firmemente y pensar en su existencia.

La salud, la riqueza, la sabiduría, el amor, el éxito, todo esto puede ser nuestro, y no solo sin robar a otro, sino que puede enriquecer a otros por el hecho de ser nuestro. Pero debemos pensar en su existencia sin quitarle nada a los demás. Los medios por los que vamos a trabajar para ganar dinero deben ser benéficos tanto para los que compran como para los que venden.

Deseamos para los demás todo lo que deseamos para nosotros, más todo lo que ellos puedan desear para sí mismos.

El fin principal de las personas debe ser glorificar el bien y disfrutar de su realización para siempre.

CAPÍTULO 6

LA EVOLUCIÓN, EL ABSOLUTO Y LA VIDA ETERNA

Prácticamente toda la gente del nuevo pensamiento cree en la evolución, junto con todos los científicos ortodoxos actuales. Pero aquí y allá encontrarás a un maestro de alguna secta que declara positivamente que la evolución no existe; que es un mito, un espejismo, maya, una ilusión; que solo existe el Absoluto y que todo lo demás son cuentos y tonterías, o palabras de ese estilo. Recibimos cientos de cartas de principiantes desconcertados por estas enseñanzas contradictorias. Ellos piden saber "¿cuál es la correcta?".

En cierto sentido, ambas son correctas, y en cierto sentido, ambas son incorrectas.

Pablo dijo: "Las cosas que se ven son temporales, pero las que no se ven son eternas" —temporales, siempre cambiantes—. Así, el nuevo pensador absolutista da un gran salto y llega a la conclusión de que las cosas que no se ven son eternas, absolutas, mientras que las cosas que se ven son inútiles, una nada caótica que hay que ignorar, desechar, negar y vivir por encima de ellas. La rama del nuevo pensamiento de la Ciencia Cristiana atribuye toda la materia a la "mente carnal", y la mente carnal es identificada como el diablo. Afirman que las cosas materiales no están bajo la ley de Dios, ni pueden estarlo, por lo tanto, la materia y todas las cosas materiales son malas, el diablo, y debemos despreciarlas y vivir fuera de ellas. Ellos también tienen razón, en cierto sentido.

Dios es el Absoluto, inmutable, eterno en los cielos; es el mismo ayer, hoy y siempre; omnisciente, omnipotente y omnipresente; el único actor en toda acción; el único pensador detrás de cada pensamiento; la única vida y energía que llena todo el espacio y el tiempo; el Único que se encuentra por igual en el cielo y en el infierno; Dios la Causa Primera, el Único Creador; Dios el Absoluto e intangible Yo Soy que habita el espacio eternamente.

Este es tu absoluto, del que el absolutista se burla.

Dios es absoluto, inmutable.

Pero sus pensamientos están siempre cambiando dentro de él; su universo construido con el pensamiento evoluciona desde el principio.

Y el comienzo mismo es eterno. Cada brizna de hierba que crece, cada árbol, cada insecto, pájaro, animal, es una ordenada evolución del pensamiento dentro del Absoluto; y cada niño que viene al mundo repite cada paso de la evolución desde "el principio" descrito en el Génesis, hasta el momento actual. En el vientre pasa inconscientemente por todas las fases de la evolución, desde la primera formación de una esfera desde la niebla ardiente, ascendiendo a través de todos los planos vegetales y animales hasta el plano del ser humano completo; y surge "una cumbre de cosas realizadas" por el pensamiento de Dios más el del ser humano hasta el momento actual, y "una infinidad de cosas por hacer" por Dios y el ser humano en todos los milenios venideros.

Existe este lado del pensamiento activo de Dios, y la creación es él —incluidos tú y yo. Dios piensa; sin embargo, no piensa en lo absoluto e inmutable, como tampoco lo haces tú o el maestro absolutista.

Dios, el absoluto, no se contenta con el Nirvana, el estado de dicha inmutable. Si lo hubiera hecho, ni tú ni yo ni la creación habrían existido.

Dios siente el Nirvana en su centro, como podemos sentirlo tú y yo (de lo que hablaremos más adelante), pero no se contenta con eso; quiere pensar en la dicha hasta la misma circunferencia de él; quiere probarse a sí mismo en las ideas, pensar en criaturas-pensamiento que "disfrutarán de él para siempre", que disfrutarán con él para siempre.

Entonces, Dios comenzó a pensar. Su espíritu se movió sobre la faz del Nirvana profundo y su nebuloso sentimiento comenzó a precipitarse en formas de pensamiento de corpúsculos y mundos giratorios; las "estrellas de la mañana cantaron juntas" con él. Este fue el principio de las cosas, el principio de la evolución, el principio del pensamiento de Dios que finalmente dio lugar al ser humano, el cual puede pensar con él, así como en él y por medio de su poder.

Jesús dijo: "Mi padre trabaja hasta ahora" (hasta hacerme evolucionar) "y yo trabajo". "Yo en el Padre, y él en mí, y nosotros en ti", explicó Jesús.

La evolución humana es la involución de Dios; la evolución es la concentración de la vida, la naturaleza y el carácter de Dios en innumerables millones de imágenes y semejanzas de sí mismo.

Los seres humanos son las facetas de Dios; cada uno concentra todos los colores de su espectro.

Con este fin, Dios pensó y piensa: que el ser humano se considere "una pequeña copia infinita de Dios", dispuesta a llevar el pensamiento aún más lejos.

Así que Dios "dio al ser humano el dominio" sobre todas las cosas que había pensado, incluyendo al propio individuo. Y con el individuo consciente de Dios llega el fin de los nuevos órdenes de la creación —después de eso viene la naturaleza más el "arte"— más el pensamiento y el trabajo humano.

¿No ves que Dios se sintió solo y se puso a trabajar para idear (siendo el pensamiento su único modo de actividad) a muchas personas con pensamiento propio y voluntad para disfrutar de la vida, el pensamiento y el amor con él?

Dudo que Dios supiera al principio cómo hacerlo. Tuvo que experimentar. A lo largo del camino de la evolución se encuentran los huesos de las criaturas que Dios pensó y luego abandonó por formas superiores. Estas criaturas fósiles aún se conservan para que podamos ver los errores que cometió Dios antes de lograr un modelo de humanidad satisfactorio.

Pero al final consiguió hacerlo, lo declaró bueno, le entregó el resto del trabajo y descansó de sus trabajos solitarios y hasta entonces inapreciables.

A continuación, el ser humano emprendió el trabajo de la evolución. Así como el Padre tenía vida y voluntad, amor y sabiduría en sí mismo, así le había dado al hijo tener vida, voluntad, sabiduría, amor y poder pensante en sí mismo.

Luego Dios lo expulsó del jardín del Edén para que ejerciera el dominio que le había sido dado; dominio sobre toda bestia del campo y sobre toda bestia de su propio seno; dominio sobre la tierra, el fuego, el agua y el aire interno y externo.

La humanidad ha evolucionado a toda velocidad. Desde el primer delantal de hoja de higuera hasta la convención de diseñadores que se celebra en Nueva York cada primavera, y a la ropa lista para usar, que se compra al momento; desde los fuegos de pedernal y de yeso hasta los fósforos y los calefactores; desde las viviendas en cuevas hasta las mansiones y hoteles; desde los palos de madera hasta los arados Oliver; desde los nudos de pino hasta la iluminación eléctrica; desde el manantial al borde del camino hasta los manantiales canalizados en tu cocina; desde el servicio de correos Pony Express, hasta el telégrafo, el teléfono y las comunicaciones inalámbricas; del tronco y el remo, hasta el trasatlántico y los hermanos Wright; desde el hacha y la punta de lanza hasta la empresa de acero "United Steel" y la vuelta al mundo de nuestra marina; desde la selva del Edén hasta un Nueva York de rascacielos; desde los jeroglíficos en piedra a la biblioteca del Congreso y de Carnegie; de Adán a Cristo, y a Roosevelt, Paderewski, Rockefeller.

Se necesita al ser humano para ayudar a Dios a dar los toques finales. Para eso Dios creó a las personas, para ayudarle a pensar aún más y mejor, y disfrutar haciéndolo para siempre; para hacer de esta tierra un paraíso y luego conquistar las estrellas.

Si eres crítico, puedes encontrar muchos errores que la humanidad ha cometido al intentar mejorar la Tierra; pero está abandonando sus errores tan rápido como puede, igual como Dios abandonó los monstruosos reptiles en cuanto pensó más allá de ellos.

Cada día estamos desarrollando mejores ideas y poniéndolas en práctica. Cada día dominamos más nuestra voluntad; cada día trabajamos mejor; cada día nos acercamos más, trabajando más por el bien de todos que por el bien de nosotros mismos.

Ciertamente estamos "creciendo en sabiduría y en conocimiento", la única manera que existe para que las criaturas mentales crezcan.

Dios y el individuo trabajan juntos ahora para crear "todo lo que desean". Entre ellos cada día descubren cosas nuevas y más grandes que desear, y cada día trabajan juntos para pensar y hacer realidad esas cosas.

Siendo Dios omnipotente, omnisciente y omnipresente, y siendo Dios el que respalda al individuo, ¿crees que hay algo deseable que no puedan hacer realidad? ¿No ves que con tal respaldo el deseo de cualquier persona se convierte en la profecía de su propio cumplimiento?

Imagina que el deseo es exactamente idéntico a la fuerza de gravitación de Newton. El deseo atrae la cosa deseada. ¿Acaso no has notado en tu propia vida cientos o miles de pequeños casos en los que una cosa deseada te llegó en el momento justo? Yo sí lo he notado.

Reflexiona sobre esto: Cuando la cosa deseada no viene a ti es porque algo en ti inhibe la acción del deseo, del mismo modo que tú inhibes la acción de la gravitación en este momento sosteniendo este libro e impidiendo que sea atraído al suelo.

El deseo y la gravitación son idénticos, es la misma fuerza. La tierra desea y atrae este libro; tú deseas y sostienes el libro alejado de la tierra. ¿Cómo puedes hacerlo, si la tierra es mucho más grande? Lo haces por la concentración del deseo, no por la masa de átomos deseantes. Tú eres una involución de toda la creación, con poder sobre toda la creación. Superas todas las fuerzas que están por debajo de ti y, mediante este ejercicio, desarrollas energía para superar cosas aún mayores.

Cualquier cosa que desees vendrá a ti tan pronto como puedas encontrar y eliminar el deseo inhibidor. Porque el deseo, la gravitación, la atracción, es inhibido por un deseo, una gravitación, una atracción mayor. A veces, el deseo de otra persona está puesto en una cosa que tú deseas y su atracción inhibe la tuya. Aunque en noventa y nueve de cada cien ocasiones, es algún contra-deseo dentro de ti el que te impide recibir lo que deseas; o es el bloqueo de tu poder de deseo por el miedo.

En cualquier caso, es solo una cuestión de tiempo, paciencia y persistencia en el deseo, cuando serás capaz de evitar o superar ese deseo inhibidor.

No existe absolutamente ningún ideal verdadero en la imaginación de ninguna persona que no será deseado-atraído a expresión, tarde o temprano. El milenio que se ha deseado en todas las épocas, con seguridad, está siendo atraído a la realidad.

Y aquí entra la superación de la muerte, el último enemigo que será expulsado por la humanidad. Los profetas serán justificados; la muerte dará lugar a la vida incorruptible, aquí mismo en esta tierra. Incluso los científicos materiales lo están viendo ahora; están viendo lo que el religioso siempre ha sabido por intuición.

Sobre la muerte y su superación también escuchamos enseñanzas contradictorias, como sobre la evolución y el absoluto. Algunos dicen: "No hay muerte. Ahora somos eternos". Sus oponentes dicen: "La muerte es el último enemigo que será vencido".

Ambos tienen razón. En el absoluto no hay muerte, ni principio, ni fin. En el lado invisible —en el centro de la estrella— todos somos una vida, sin muerte, inmortal. Los seres humanos siempre han sentido esto.

Sin embargo, en el lado visible de la vida, el lado construido por el pensamiento, ciertamente morimos, así como vivimos. Sin duda, la muerte es una puerta a una nueva habitación de la vida, no obstante, es muerte. Y es esta misma muerte del cuerpo construido por el pensamiento como un todo la que los profetas declararon que debía ser vencida como el último enemigo.

La muerte somática es necesaria para acelerar la evolución humana. El ser humano es un niño en crecimiento, y es más fácil desprenderse de un cuerpo que le ha quedado pequeño y empezar de nuevo, que gastar tiempo y energía en rehacer el cuerpo para que se adapte al individuo en crecimiento.

Pero solo se trata de deshacerse de los errores. Cuando aprendamos a deshacernos de nuestros errores diariamente, a cada hora, como hace un niño pequeño, mantendremos cuerpos suaves, elásticos y sanos que puedan hacer su muerte diariamente, en lugar de hacerla toda de golpe.

La superación de la muerte en el cuerpo es una cuestión de deseo. A nadie le gusta la muerte; todos estarían encantados de abolirla. El deseo humano habría encontrado el camino hace mucho tiempo si no fuera por una cosa: cada individuo ha vivido tan esforzadamente tratando de someter su entorno y ganarse la vida, que se ha cansado de vivir y literalmente ha perdido su deseo de aferrarse a la vida.

Hasta que el individuo no consiga que las condiciones de la tierra se conviertan en algo parecido a un paraíso, no podrá desear fielmente quedarse aquí sin cambiar. La muerte del cuerpo está tan ligada a las condiciones económicas que las dos tendrán que ser superadas juntas.

Vivir de manera que no se canse de vivir es la clave para superar la muerte del cuerpo.

¿Y cómo podría uno disfrutar de la vida eternamente con el aguijón de la pobreza punzándole, o con la visión del prójimo pobre siempre ante él? Primero tiene que hacerse realidad la novela utópica de Edward Bellamy; y en su realización morirán aún miles de personas Después de eso, la vida eterna en la carne será fácil.

Y junto con ella vendrá la levitación, el desplazamiento rápido hacia y desde otros mundos.

CAPÍTULO 7

CONCIENCIA CÓSMICA

El ser humano es mente, uno con la Gran Mente. Y en esta mente está su cuerpo construido por el pensamiento. En lugar de ser una mente o alma en un cuerpo, ¡eres mente con un cuerpo construido por el pensamiento dentro de ella! No eres una mente, sino la mente, la mente universal, la mente de Dios.

En tu centro, que es también la circunferencia, eres Dios. "Uno con el Padre", como dijo Jesús.

Los sabios de todas las épocas lo han sabido. Escucha estas "Últimas líneas", de Emily Bronte:

No, mi alma no es cobarde,
No tiembla en las tormentas de la esfera de este mundo,
Veo brillar las glorias del Cielo,
Y la fe brilla igual, dándome armas contra el temor.

Oh Dios que habitas dentro de mi pecho,
¡Todopoderosa, Deidad siempre presente!

38

Vida —que en mí guarda reposo,
Como yo —imperecedera Vida
¡tenemos poder en Ti!

Vanos son los mil credos
Que mueven los corazones humanos
—inexpresablemente vanos;
Sin valor, como la maleza marchita,
O la más quieta espuma entre la mar sin fin,

No despiertan duda en mí
Tan bien aferrada a tu infinitud;
Tan seguramente anclada sobre
La inamovible roca de la inmortalidad.

Con el amor que lo envuelve todo
Tu espíritu anima años eternos,
Penetra y pondera en lo alto,
Transforma, sustenta, disuelve, crea, y cría.

Aunque la tierra y la humanidad desaparecieran,
Y los soles y los universos dejaran de existir
Y tú quedaras solo,
Toda existencia existiría en Ti.

No hay lugar para la muerte
Ni átomo que su poder pueda anular;
Tú —tú eres Ser y Aliento,
Y eso que tú eres no podría ser destruido jamás.

Y está ese pequeño y hermoso poema, "Ilusión", de nuestra poeta americana, Ella Wheeler Wilcox:

Dios y yo en el espacio, solos,
Y nadie más a la vista.
Y "¿Dónde está la gente, oh Señor?, dije.
"La tierra de abajo y el cielo de arriba,
Y los muertos que una vez conocí".

"Eso fue un sueño", dijo Dios sonriendo;
"Un sueño que parecía ser verdad;
No había personas vivas ni muertas,
No había tierra ni cielo sobre la cabeza
Solo estábamos Yo y tú".

"¿Por qué no siento miedo?", pregunté,
"¿Al encontrarte aquí de esta manera?
Porque he pecado, lo sé muy bien;
Y hay cielo, y hay infierno,
¿Y es éste el Día del Juicio?"

"¡No! Esos no eran más que sueños", dijo el gran Dios,
"Sueños que han dejado de existir;
No existe tal cosa como el miedo, o el pecado;
No existe ningún tú — nunca ha existido
No hay nada en absoluto, solo Yo".

Kate Boehme[2] ilustra esto tan bien como se puede ilustrar a un intelecto tridimensional con una estrella. Las puntas de la estrella representan la conciencia del individuo, la persona visible. Rastrea estos puntos hacia el centro y encontrarás que todos son uno. Imagina el universo como una gran estrella, y cada individuo como un punto de la estrella. Mientras más completamente vive uno en la conciencia de su yo material, más se aleja de la conciencia del centro donde todos somos uno.

Pero es muy posible ampliar la conciencia de uno hasta que abarque tanto el centro espiritual como la circunferencia material de la vida.

Es posible ir aún más lejos y entrar en simpatía, en conciencia con otros puntos de la gran estrella.

Me he detenido mucho en la unidad de todos los seres, porque es la tabla más importante de toda la plataforma del Nuevo Pensamiento, y sin ella no hay base para el razonamiento correcto, ni para la comprensión y el juicio correctos.

Razonar y juzgar por lo que vemos en la punta de la estrella es juzgar erróneamente la vida y las personas, y equivocarnos siempre en nuestros cálculos. Las puntas de la estrella se dirigen en todas direcciones, y en la punta de cada una de ellas se encuentra Gradgrind —el personaje de la novela de Dickens—, con la locura y la muerte delante de él.

---

[2] Dicha ilustración y explicación aparecen en el libro "Pensando en el corazón", de Kate Boheme.

Por otra parte, alejarse de la punta de la estrella, vivir demasiado en la conciencia de la vida inmaterial, es invitar a la desintegración y a la muerte del individuo.

A veces me he preguntado si el debilitamiento del cerebro de Emerson no se debió en cierta medida, al menos, a esto mismo; si no habitó tanto en lo absoluto, en el alma superior, valorando tan poco las formas y los hechos de la vida material, que los canales por los que debe correr el pensamiento se volvieron poco profundos y blandos. Y es un hecho que casi todos los espiritualistas devotos que uno conoce son cualquier cosa menos positivamente sanos y ricos en el plano material.

"No juzguen por la apariencia, sino juzguen con juicio justo", dijo Jesús. El juicio justo proviene de una visión justa de todas las premisas. El juicio justo comienza en el centro, el punto de unidad de motivo, y razona hacia el exterior; mientras que el juicio injusto comienza en el punto de la estrella y se queda allí.

El único camino seguro es situarse en tierra firme, valorar el mundo de las cosas creadas como prueba del centro de la vida y el poder, buscar en el centro el poder y la sabiduría, pero no contentarse hasta haber utilizado el poder y la sabiduría para cambiar las cosas materiales.

El ser humano es un punto de la estrella universal, y su centro es el centro de cualquier otro punto de la estrella.

Juzgar a otro por ti mismo es científico, pero primero asegúrate de conocerte a ti mismo —desde la circunferencia hasta el centro y de regreso.

Ahora: Dios es la Presencia Universal de la Voluntad y la Sabiduría, que soñó un universo y luego procedió a idearlo.

Robert Fulton fue un punto de esta Presencia Universal de voluntad y sabiduría, hecho a su imagen y de su misma sustancia, respirando en todo momento su esencia, su sueño, su voluntad y su sabiduría.

Robert Fulton soñó un barco de vapor y luego procedió a idearlo. Otros también captaron el sueño —en mayor medida de lo que Fulton pudo hacerlo— y luego procedieron a idearlo. El Mauretania es el resultado, la expresión de ese sueño; y el sueño sigue creciendo; el "modelo" sigue bajando de los cielos, de la Presencia Única, para ser captado por el individuo e ideado en forma.

Hubo muchos errores en la concepción del sueño del barco de vapor hasta la fecha. Cada error fue un maestro. Tan pronto como el individuo aprendía de un error, lo corregía y seguía adelante.

Así que incluso los errores fueron buenos, si se consideran en relación con el individuo, el sueño y su realización. Porque el individuo, al ser todo mental, solo crece mediante el aprendizaje; y los errores le enseñan, al igual que los éxitos. Por lo tanto, los errores son buenos. Te das cuenta de esto cuando comprendes realmente lo que es el ser humano y cómo crece al captar y elaborar su punto del gran sueño estelar del Todo.

Su sueño individual es su conjunto de especificaciones del gran Arquitecto-Soñador del espacio y la eternidad; y su retribución por idear estas especificaciones en la existencia es la alegría siempre creciente, añadiéndose casas, tierras, gratitud, fama y amores personales.

Estar de acuerdo con la parte del gran sueño que a uno le corresponde es hacer de uno mismo un imán que atrae todo lo deseable. Hacer la voluntad del Padre tal y como se ve en tu sueño o ideal es lo necesario.

Cuando Theodore Roosevelt era nuevo en su puesto de presidente, algunos de los líderes de su partido pensaron que necesitaba instrucción. Uno de ellos dijo:

—"Sr. Roosevelt, debe sentir continuamente el pulso del pueblo y regirse por él".

"¿Por qué debería perder el tiempo sintiendo el pulso del pueblo, cuando cada persona honesta sabe en su propio corazón lo que es correcto?" —afirmó Roosevelt.

Sintiendo el pulso universal que latía en su propio corazón y actuando en consecuencia, Roosevelt hizo tanto por el mundo. En una entrevista dijo: "Solo soy un hombre corriente; la única diferencia entre mí y cualquier hombre corriente es que cuando veo que hay que hacer algo, voy directamente y lo hago".

Otros hombres tan brillantes y tan buenos se enredan en aspectos personales, en malos hábitos de vida, en burocracia. Roosevelt no perdía de vista su sueño, sus especificaciones del cielo interior, y daba su mejor golpe donde y cuando había una oportunidad. Si alguien se interponía en su camino, peor para él.

McKinley dio sus mejores golpes después de ver primero que todos sus amigos estaban a salvo fuera del camino, y que se habían observado todas las reglas. Él sabía tan bien como Roosevelt o Lincoln lo que era correcto, pero no podía hacerlo si hería los sentimientos de sus amigos —o de su esposa.

¿Has leído alguna vez "El barco que se encontró a sí mismo" de Kipling? Si no es así, hazlo. Presenta a la imaginación una imagen perfecta de la forma en que el universo se encuentra a sí mismo. Kipling describe el barco nuevo, cada mástil, vela y trozo de madera, cada perno y tornillo en su sitio, cada uno bien ajustado, pulido, acomodado y orgulloso en su lugar.

Luego, el barco zarpa y navega hacia el mar. A medida que el barco avanza, subiendo a la cresta de una gran ola solo para precipitarse de cabeza sobre el fondo, todos los pequeños tornillos y pernos, así como los mástiles y las velas, comienzan a crujir, chirriar y rechinar con quejas. "¡Oh, me estás haciendo pedazos!", grita el tornillo contra la madera. El mástil cruje en la cubierta; los puntales gimen porque se están arruinando y no pueden aguantar mucho más; los astilleros y los mástiles chillan que se están quebrando y que las velas deberían ser cortadas en tiras por haber abusado tanto de ellos. Cada trozo de metal que forma parte del gran barco tiene su propia queja sobre la forma en que su vecino lo maltrata.

Y durante todo este tiempo, el barco sigue avanzando con firmeza, los marineros pulen las cubiertas y mantienen los bronces brillantes, aflojan un tornillo por aquí, aprietan un perno por allá, echan un poco de aceite donde hace falta. Y al cabo de un tiempo, las distintas partes se acostumbran a su lugar y a su trabajo, los crujidos, los chillidos y los gemidos se hacen más suaves y, finalmente, todo se acomoda felizmente a su trabajo, y las agudas quejas se desvanecen en un murmullo lleno de comprensión y buena voluntad hacia los demás y hacia su trabajo. Y así, el buen barco se encuentra a sí mismo. El mundo es así. Todos estos años hemos estado protestando contra nuestros vecinos y nuestro trabajo. Nos hemos malinterpretado y subestimado a nosotros mismos y a los demás. Pero el buen barco siempre ha mantenido su rumbo, y nosotros hemos sido engrasados y pulidos, apretados o aflojados según la necesidad, pero siempre nos hemos mantenido en nuestro lugar a pesar de los malentendidos y las quejas —a menos que seamos la pulga, la rata o el polizón que a veces invade el barco.

Y ahora, en estos siglos, nosotros, las partes comunes del barco, nos encontramos como parte del todo.

CÓMO VOLVERSE COSMO-CONSCIENTE

La conciencia de sí mismo en relación con todo el universo y con Dios se llama conciencia cósmica —la conciencia del cosmos.

Se trata realmente de un estado de conciencia, y es el resultado de una actitud mental con la que algunas personas nacen y otras la alcanzan mediante la práctica deliberada.

También es una cuestión de crecimiento, ya que nadie puede alcanzar la conciencia cósmica hasta que haya crecido mentalmente hasta una cierta altura.

Es como el crecimiento de una semilla en la tierra. Un grano de maíz surge en la tierra. Su conciencia individual nace bajo el suelo. El calor del sol lo atrae hacia arriba; respondiendo al impulso del sol, echa raíces, encuentra su alimento y hace su trabajo. Probablemente se queje y se esfuerce, igual que tú y yo. Y siempre tiene una aspiración, igual que nosotros; siempre se extiende hacia arriba en respuesta a la llamada del sol, igual que tú y yo aspiramos al sol espiritual que brilla invisible para nosotros, oculto por la densidad de nuestro entorno terrestre.

Y así, el pequeño grano de maíz hace su trabajo y agita su corazoncito, y se dirige siempre hacia arriba, hasta que por fin asoma su cabecita por encima de la tierra y por primera vez vislumbra algo más que a sí mismo. Bajo el suelo, el grano de maíz era sumamente consciente de sí mismo y de sus limitaciones y esfuerzos; ahora ve a otras personas, a la tierra y su relación con el todo; ha llegado a algo que para él es una especie de conciencia cósmica.

La salida de la mariposa de la crisálida es otro paralelo a esta experiencia de la conciencia cósmica; asimismo, la salida del niño del vientre materno. En cada caso, se trata de salir de un capullo de autoconciencia hacia una conciencia de la vida, de los demás y nuestras relaciones con ellos.

La filosofía habitual de la vida que tiene el común de la gente hoy en día es un capullo mental de autoconciencia en el que crece, retorciéndose, agitándose y quejándose, en mayor o menor medida, hasta que crece al punto de reventar esa autofilosofía y salir de su caparazón hacia la conciencia de un mundo en el que él es solo uno de los muchos, todos impulsados por un propósito de vida común de un único Dios. Sentir realmente esto, además de verlo intelectualmente, es experimentar la verdadera conciencia cósmica.

Por lo general, este nacimiento en el sentido cósmico se produce de forma tan repentina y completa como el nacimiento de una mariposa o de un bebé. No hay vuelta atrás en la crisálida, no hay vuelta atrás en la antigua vida del pequeño yo.

No obstante, uno vislumbra intelectualmente lo cósmico antes de nacer realmente en la conciencia cósmica, del mismo modo que el gusano puede vislumbrar el mundo a través de su caparazón, puede sentir sus alas en crecimiento aunque aún no estén desplegadas; del mismo modo que el polluelo puede vislumbrar el mundo antes de salir completamente del caparazón.

La Biblia afirma que los que se acercan a Dios "deben creer que él existe y que recompensa a quienes lo buscan". De la misma manera, los que se acercan al sentido cósmico deben creer que son uno con el cosmos, de modo que desean o aspiran a conocer mejor el cosmos y a sentir con él.

A su debido tiempo llega la experiencia de la conciencia cósmica, que es una experiencia, pero no algo demostrable. Es una experiencia religiosa, conocida por quien la experimenta, pero totalmente intangible para quien no está preparado para salir del estado de larva. Es lo mismo hablar de color a un ciego de nacimiento que hablar de conciencia cósmica al individuo corriente.

O, más bien, al individuo corriente de antaño; porque los hombres y mujeres corrientes de hoy en día son los que están entrando ahora en el mundo de la conciencia cósmica.

La experiencia religiosa comúnmente llamada conversión puede compararse con el estado de larva cuando siente por primera vez sus alas de embrión y vislumbra el mundo a través de su frágil cascarón. Todavía está atrapado en su estrecho entorno, pero empieza a darse cuenta de que hay algo más grande que encontrará con el tiempo. De aquí surgió la idea del cielo después de la muerte; el gusano humano de las generaciones pasadas murió en el estado de gusano; nunca llegó a la apertura de la conciencia cósmica, por lo que su cielo llegó después de la muerte, como le enseñaron su instinto y su teología. Las masas murieron así. Solo de vez en cuando un visionario o un Cristo encontró la conciencia cósmica del cielo dentro y ahora.

Y éstos también se dieron cuenta de que el gusano humano necesitaba tiempo e innumerables reencarnaciones antes de poder encontrar el cielo dentro y ahora. Esto explica tanto tiempo futuro en la Biblia, y lo armoniza con el tiempo presente de las enseñanzas de Jesús sobre el cielo y la unidad.

La experiencia religiosa llamada por los antiguos metodistas "santificación" no es ni más ni menos que la conciencia cósmica. Muchos buscaron la santificación, pero pocos la encontraron, aunque no pocos la reclamaron.

La conversión significa volverse a Dios, el Cósmico, y tratar de imitar a Jesús; pero la santificación significa entregarse a Dios, todo lo que sabes y todo lo que no sabes, y encontrarte a ti mismo en él y a él en ti como tu propio corazón, deseo e impulso de movimiento.

Uno ve cualquiera de estas experiencias primero intelectualmente, "como a través de un cristal oscuro"; como a través del delgado capullo —y, al verlo, lo desea. A continuación, cumple las condiciones y lo experimenta "en su corazón" o centro emocional, que es el centro de la estrella, ya sabes, donde está Dios.

Este "corazón" tuyo es lo que los psicólogos modernos llaman la mente subconsciente o subliminal, de la que hablaremos más adelante. Es suficiente decir aquí que la mente subconsciente es aproximadamente el noventa y cinco por ciento de lo que eres, y que es como una profunda reserva llena de pensamientos y conceptos enviados a ella por medio de tu intelecto consciente.

La mente consciente es una mera superficie o puerta de entrada a esta gran reserva de ti. Hasta que el noventa y cinco por ciento de la reserva de tu mente subconsciente no haya aceptado una verdad, no podrás encarnar realmente esa verdad y ser salvado por ella. Por eso el religioso de antaño menospreciaba el intelecto; sabía que no contaba para nada mientras "el corazón" estuviera equivocado.

Hace cien años estaba de moda buscar la conversión, porque había llegado el momento de que mucha gente entrara en esa conciencia. En esta época, muchos de los hijos e hijas y nietos y nietas de los convertidos hace cien años, nacieron y se criaron ya convertidos; nacieron con un grado de conciencia espiritual nunca soñado antes de esta época, salvo por algún ocasional profeta y salvador.

En Oregón conocí a dos ancianos que habían nacido en esta conciencia. Les pregunté repetidamente sobre ello.

En ese momento me parecía una maravilla; ahora está perfectamente claro. Ellos nacieron convertidos, y en la primera juventud llegaron a la santificación, o conciencia cósmica. Sus bellos rostros y sus hermosas vidas lo manifestaban. Mi madre se convirtió cuando tenía unos treinta y cuatro años, y murió dos años después, cuando yo tenía nueve. Yo reflexionaba sobre las cosas espirituales desde muy joven, y me convertí cuando tenía menos de veinticinco años. Mis dos hijos han crecido prácticamente en el pensamiento espiritual, y espero que sus hijos nazcan convertidos.

Cuando tenía unos veintisiete años llegué a la experiencia llamada entonces santificación, ahora llamada conciencia cósmica. Así que, por la ley de la evolución, mis nietos o bisnietos pueden nacer con sensibilidad cósmica.

En el libro del Dr. Maurice Bucke sobre la "Conciencia Cósmica", indica las siguientes verdades que le reveló la nueva conciencia:

1. "Llegó a ver y saber que el cosmos no es materia muerta, sino una presencia viva".

2. "Que el alma humana es inmortal; que el universo está construido y ordenado de tal manera que, sin ninguna duda, todas las cosas trabajan juntas para el bien de todos y cada uno".

3. "Que el principio fundamental del mundo es lo que llamamos amor, y que felicidad de cada uno está absolutamente asegurada al final".

Convencer a tu yo subconsciente de estas tres verdades es alcanzar el sentido cósmico, ya que lo que ese yo subconsciente realmente acepta es lo que tú sientes como verdadero. El conocimiento intelectual no te salva. ¿Cómo podría hacerlo, si la mente consciente no es más que el cinco por ciento de tu conciencia total? Debes estar convencido de una verdad antes de que seas salvado por esa verdad.

Una frase de Shakespeare señala el camino: "Asume una virtud si no la tienes".

Afirmar una verdad, actuando sobre ella lo mejor que puedas, termina en la convicción subconsciente y en el conocimiento o "sentimiento" de esa verdad. ¿Por qué no, si somos seres mentales?

Una verdad elevada firmemente sostenida transformará toda la mente, consciente y subconsciente. Decir la verdad sobre ti mismo es "pronunciar la Palabra" que te crea y te recrea. Sin la Palabra, la afirmación, la declaración mental, no se hace nada, ni rehace nada en ti.

Para alcanzar la conciencia cósmica, afirma, afirma. Dedica un tiempo especial cada día, preferiblemente los primeros minutos después de despertarte y los últimos antes de irte a dormir, para la práctica del reconocimiento especial. Primero, respira profundamente y relaja cada músculo. A continuación, afirma positivamente que el universo es una presencia viva y amorosa, y que todas las cosas trabajan juntas para el bien y la alegría de todos y cada uno. Afirma esto varias veces, positivamente.

Luego, relájate lo más posible —afloja todo el cuerpo— e imagina que esa Única Presencia Viviente de Amor te envuelve cálidamente, llenándote con su amor y sabiduría. Piensa cómo te sentirías si pudieras sentir que esto es cierto. Posteriormente, sigue con tu trabajo y no te preocupes por las afirmaciones ni por la conciencia cósmica.

Si eres fiel a esta práctica de reconocimiento, pronto te encontrarás recordándola y pensando y actuando a partir de ella, sin intentarlo.

Con el tiempo, descubrirás que no solo tus pensamientos, sino tu propio instinto, actúan de acuerdo con las afirmaciones que has hecho para ti.

Cuanta más buena voluntad, entusiasmo e imaginación puedas poner en esta práctica, antes será tuya la verdadera conciencia cósmica. Al final será tuya, de todos modos, pero puedes acelerarlo con cada pizca de aspiración, afirmación, imaginación y entusiasmo constante que pongas en ello.

CAPÍTULO 9

TELEPATÍA: UNA NUEVA VISIÓN

El ser humano es "una pequeña copia infinita de Dios"; y cada cosa de este mundo es una copia de alguna porción del ser humano. Cada invención existió primero en la mente humana. El ser humano tiene un equipo fotográfico completo en su interior: cámara, objetivo, negativo, cuarto oscuro, reveladores, galería de arte y todo. El telégrafo y el teléfono surgieron dentro del individuo.

No puedes nombrar ninguna invención de ningún tipo, desde la más pequeña y simple hasta la más grande y compleja; no puedes nombrar una forma en la naturaleza, ni un principio de crecimiento en la naturaleza, que no tenga su paralelo y original en el ser humano. Y cada día surgen más invenciones, todas ellas procedentes del ser humano. Y por estas cosas que salen de él, estamos aprendiendo lo que hay en su interior.

Una de las cosas más significativas que ha salido de la humanidad hasta ahora es el sistema Marconi de la telegrafía sin hilos. Todavía no hemos sacado todo el telégrafo sin hilos del ser humano —aunque se han hecho muchas mejoras desde que se anunció la telegrafía sin hilos, y se están haciendo más.

Ahora bien, se ha evolucionado lo suficiente como para darnos una idea de cómo se comunican las personas sin utilizar ninguno de los cinco sentidos habituales. La palabra telepatía se ha acuñado para abarcar muchos casos de comunicación no explicables a través de los cinco sentidos. Un ejemplo es el caso del obispo Taylor. Una noche estaba viajando por su distrito, cuando una corriente de agua arrastró el carruaje y los caballos, y apenas pudo escapar con vida. Su mujer y su hija se encontraban en casa, durmiendo en habitaciones separadas, a más de cien kilómetros de distancia. A la hora exacta del accidente del obispo, la esposa y la hija se despertaron con un miedo terrible, y ambas exclamaron que la vida del obispo estaba en peligro. Más tarde se tranquilizaron y volvieron a dormir. Dos días más tarde, el obispo les contó su experiencia, diciendo que en el momento del accidente se dio por perdido, y su alma se dirigió a su esposa e hija en una conmovedora despedida.

No hace falta que cuente otras historias de este tipo; casi todo el mundo ha tenido experiencias similares o conoce a alguien que las ha tenido. Es un hecho demasiado establecido que, en determinadas condiciones, las personas se comunican entre sí sin utilizar ninguno de los medios habituales conocidos para tal fin, como para suscitar una discusión.

Sin embargo, el método de dicha comunicación es una cuestión abierta que todo el mundo civilizado está discutiendo. Varias sociedades de investigación psíquica dedican mucho tiempo a examinar las pruebas con el fin de establecer una teoría oficial. Buscan una especie de ley Newtoniana que no pueda ser cuestionada. Hasta ahora los resultados son un cúmulo de pruebas, más o menos fiables, y varias teorías contradictorias. Los espiritistas dicen que los espíritus lo hacen todo. El profesor Hyslop está convencido de que los espíritus hacen una parte de la comunicación. Otros descartan a los espíritus e insisten en que cada espíritu en la carne es capaz de enviar y recibir mensajes mentales —bajo ciertas condiciones desconocidas.

Ahora bien, recuerda que todos estos puntos de vista no son más que opiniones individuales, basadas en la misma masa de pruebas circunstanciales. Nadie ha demostrado nada más allá de los propios fenómenos. Y todas estas personas ahora se inclinan hacia la idea de que "probablemente cada persona tiene dentro de sí la capacidad de telepatía, y que probablemente la mayoría de las experiencias comunes de telepatía tienen lugar sin la intervención de otros espíritus, dentro o fuera del cuerpo".

Por mi parte, me inclino a pensar que todos estos fenómenos tienen lugar dentro y por el poder del propio individuo, sin que los espíritus desencarnados externos tengan nada que ver con ello. Creo que el individuo es su propio telégrafo y marconígrafo para enviar y recibir mensajes, y que cuanto más alto se proyecte su mente en los éteres del espíritu puro, el sentido cósmico, más aprenderá sobre su propio marconigrafo y mejor podrá utilizarlo.

Esto no significa que no crea en los espíritus incorpóreos ni en su poder para comunicarse con las personas. Puede haber almas conscientes incorpóreas; no creo en ellas ni dejo de creer en ellas. El caso simplemente "no está probado". Los fenómenos que convencieron al profesor Hyslop no se ajustaron a mis "condiciones de prueba". Me parece que aceptó los espíritus por la palabra de una mujer que después desacreditó su propio testimonio. Y el profesor Hyslop la desacreditó a ella para salvar su imagen como científico. Por supuesto, el profesor es un observador entrenado; yo también lo soy, y no tengo nada que perder y la verdad que ganar si nuevas pruebas me hacen cambiar de opinión.

Sobre lo que sí estoy razonablemente segura es que, si hay espíritus conscientes incorpóreos que se comunican con las personas, están equipados con algo parecido al mismo tipo de aparato telepático que tienen los espíritus encarnados.

Ahora veamos qué podemos descubrir del telégrafo sin hilos de Marconi, ya que, en verdad, el ser humano es semejante a él. Al fin y al cabo, la analogía es la mejor prueba de una cosa, sobre todo cuando el objeto de la analogía sale del individuo con el que se hace la comparación.

Por lo tanto, en primer lugar, el telégrafo sin hilos se basa en los éteres en los que vivimos y nos movemos y tenemos nuestro ser. Los éteres celestiales transmiten todos sus mensajes. Son los éteres celestiales a través de los cuales se transmite el mensaje, y es la tierra la que recibe la corriente. Arriba, en los cielos, en la cima de una vara alta, se recibe el mensaje, y abajo de la vara viene, para ser recibido cerca de la tierra, si no en la tierra misma.

Piensa en el espacio como una presencia viva, que vibra con amor; una presencia divina que vibra quizás al tono del Nirvana. Toda actividad humana y del mundo giratorio interrumpe la corriente de esta vibración básica del Nirvana, y así transmite su importancia a otros individuos y a Dios.

Al hablar, emito ciertos sonidos que interrumpen la corriente etérica en un ritmo determinado. Tus oídos son buenos instrumentos para medir las interrupciones de la corriente que hago en los éteres. Ver, oír, oler, saborear, sentir, todo se basa en esta misma interrupción del tono-vibración básico de la sustancia universal, que es eléctrica en su naturaleza.

El teléfono, el telégrafo y el sistema inalámbrico se basan en este mismo principio de transmisión de mensajes por medio de una corriente eléctrica.

En la telegrafía, la electricidad se hace vibrar a través del cable, y las interrupciones se realizan pulsando una tecla. En la telegrafía sin hilos se utiliza la vibración del aire, y las interrupciones proceden de la llave.

Cerca de la tierra se producen tantas otras interrupciones de la corriente que la llave inalámbrica no puede distinguirse.

Observa la diferencia entre el telégrafo y el inalámbrico: en el telégrafo, la corriente se limita al cable y el mensaje sigue solo esa línea; pero un mensaje inalámbrico sale en todas direcciones, como salen los rayos del sol.

Para recibir un cable debes estar en la línea. Para recibir un mensaje inalámbrico puedes estar en cualquier lugar, la única necesidad es que estés sintonizado con el mensaje enviado. A menos que el instrumento de un barco esté bien sintonizado, no puede recibir ni siquiera el mensaje más insistente enviado desde una estación inalámbrica.

Tener una línea hacia los espacios libres, y estar sintonizado con el emisor, son los dos requisitos absolutos de la telegrafía sin hilos.

En cuanto a la telepatía. La persona cuyo pensamiento se mantiene cerca de la tierra; que vive en la confusión de los propósitos cruzados, que considera las apariencias externas como lo más importante, debe depender de sus cinco sentidos terrestres para la mayoría de los mensajes que recibe. Pero aquel que asciende por una línea hacia el azul claro de los sentidos cósmicos recibe telepatías y "pistas" espirituales con las que el individuo terrenal nunca sueña.

Me pregunto si la intuición es el cable del cielo por el cual recibimos nuestros mensajes inalámbricos. Estoy segura de que la aspiración y la inspiración son mensajes enviados a través del cable celestial.

En relación con esta idea, recuerdo ciertos descubrimientos del Dr. Baraduc en París, y varias supuestas reproducciones fotográficas de extraños fenómenos psíquicos producidos por él. El Dr. Baraduc ha conseguido fotografiar lo que llama la bola mental. Según dice, se trata de una esfera luminosa que flota en el extremo de un cable nebuloso a un metro o metro y medio por encima de la cabeza de una persona. El Dr. Baraduc cree que es a través de este cable nebuloso y de la bola mental como las personas reciben mensajes telepáticos. Puede que sea cierto. Si es así, me pregunto si la gente del telégrafo inalámbrico no podría resolver algunas de sus dificultades poniendo un globo metálico en la parte superior de sus postes.

El Dr. Baraduc dice que en el momento de la muerte esta bola mental y su cable de anclaje flotan libres y se disuelven como el humo. Muestra fotos de este fenómeno. También muestra fotos del espíritu, la vida o el aura que se desprende del cuerpo y se disuelve en largos filamentos y corrientes parecidas al vapor.

No puedo demostrar a la persona de los cinco sentidos que tiene en su interior los instrumentos espirituales para enviar y recibir mensajes por vía inalámbrica. Ninguna de estas cosas espirituales puede probarse a una persona así, como tampoco puede probarse el color a un ciego de nacimiento. Las cosas espirituales se disciernen mediante nuevos sentidos espirituales. Si todavía eres densamente material, "debes nacer de nuevo".

Si no puedes ver por analogía, tus ojos espirituales, de sentido cósmico, están realmente cerrados y hay que dejar pasar más tiempo antes de que salgas del estado de larva.

Asumamos la telepatía y aprendamos a utilizarla. No hay nada mejor que hacer una cosa para enseñarnos la verdad sobre ella.

Es posible que la telepatía no haya sido siempre algo práctico entre todos los seres humanos; que fuera simplemente inherente, como las alas de la mariposa son inherentes al gusano, a la espera de una determinada etapa de desarrollo para desplegarse. A lo largo de los tiempos ha habido algunas personas peculiares que han manifestado la capacidad de telepatía. Y muchas personas del orden psíquico han tenido experiencias especiales en la transferencia de pensamientos. Pero todos los casos parecen haber sido esporádicos e imposibles de repetir. Hasta esta época no se ha intentado clasificar los fenómenos telepáticos y utilizar la ley de los mismos.

Toda esta reflexión significa que ha llegado la hora de desplegar nuestras alas telepáticas, por así decirlo.

Uno de los primeros requisitos para la comunicación telepática parece ser ese misterioso algo llamado "rapport". Dos personas que se aman y tienen un pensamiento armonioso pueden intercambiar pensamientos sin medios tangibles de transmisión, mientras que dos personas inarmónicas parecen no hacer ningún intercambio.

El Dr. Baraduc y su difunta esposa se comunicaban telepáticamente, y el Dr. Baraduc cree, y parece haber demostrado mediante sus experimentos fotográficos, que había una especie de cordón espiritual entre él y su esposa, que se comunicaba a través de esas bolas mentales de las que he hablado antes. Muchos videntes han declarado que han visto cordones fílmicos que conectan a ciertas personas.

Es probable que existan estas líneas espirituales entre ciertas personas. No sería extraño que estas mismas líneas espirituales fueran "el patrón en los cielos" que inspiró el telégrafo; y que los pensamientos de uno sean el "código Morse" entendido y traducido por los que están en la línea.

Entonces, parece que existe una telepatía de cables, así como una telepatía inalámbrica. Y la primera es más fácil de demostrar y atrae más la atención que la segunda, porque está más desarrollada como algo demostrable.

Parece que el lenguaje está verdaderamente inspirado, como dice el salmista, ya que ciertas personas están realmente "unidas entre sí", como decimos —unidas por líneas espirituales que son verdaderos cables telepáticos.

Este hecho me recuerda otra fase de la telegrafía y la telepatía: vamos a tener imágenes en color transmitidas por los cables, al igual que muchas personas han tenido visiones transmitidas por sus cables telepáticos.

Si se admite este indicio de hipótesis, es fácil ver cómo cultivar la telepatía. Cultivar la armonía, el amor y la comunión de intereses.

La telepatía por cable existe desde hace mucho tiempo. He visto muchos casos de ella, en los que dos personas intercambiaban pensamientos muchas veces al día, a menudo sin siquiera adivinar que lo hacían. a juzgar por la cantidad de mensajes que intercambiamos sobre pequeños asuntos relacionados con el hogar. Asimismo, William y yo siempre estamos intercambiando pensamientos, a veces enviando y recibiendo mensajes de forma intencionada, pero más a menudo de forma involuntaria.

No tenemos reservas mentales entre nosotros que sirvan de base para nuestros pensamientos. Y esto me lleva a la razón principal para creer que la telepatía por cable espiritual y la telepatía inalámbrica se están desplegando en nuestra conciencia igual que el telégrafo y la vía inalámbrica se están desplegando en el mundo. He dicho que William y yo no tenemos reservas mentales para fundamentar nuestros mensajes. La honestidad absoluta es la electricidad que carga los cables espirituales entre las personas y hace posible la transferencia de pensamiento. Una corriente constante de buena voluntad es la energía que transporta el pensamiento. La falta de sinceridad aísla la mente de uno para que no salga ninguna corriente espiritual de buena voluntad hacia otro. La persona engañosa y misteriosa se guarda su buena voluntad para sí misma.

¿Ves la sabiduría de esta disposición de la naturaleza, de la vida o de Dios? Supongamos que todos los villanos de todas las épocas hubieran podido dirigir líneas a sus víctimas y leer sus pensamientos, propósitos y planes. Supongamos que el chismoso del pueblo pudiera así obtener una línea de todo.

Mientras haya villanos, tiene que haber medios para aislar el pensamiento, y la naturaleza ha previsto que el propio villano se permita ese medio. Levantará muros de secretos y habitará en su interior con miedo a lo que hay fuera. Su buena voluntad para consigo mismo se vuelve agria y fermenta, engendrando toda clase de monstruos para asustarlo. Así, "el malvado huye sin que nadie lo persiga".

Hasta que la persona no vislumbra su unidad con todas las criaturas, no es seguro confiar en ella para leer los pensamientos de los demás. Solo en la medida en que su buena voluntad fluya hacia el exterior, entrará en conexión con los demás, donde en ocasiones podrá leer sus pensamientos.

El egoísmo, su secretismo y el miedo son las barreras que impiden la conexión con los demás. Cuando hayamos evolucionado lo suficiente como para derribar estas barreras, ser absolutamente honorables, honestos y amables con nuestro prójimo y con nosotros mismos, encontraremos que se establecen conexiones por todos lados.

Pensar, hacer y tener buena voluntad con los demás del mismo modo que te gustaría que ellos pensaran, hicieran y tuvieran buena voluntad contigo, es la primera condición indispensable para la telepatía: amar a tu prójimo es enviar un transmisor, un cable espiritual de Buena Voluntad hacia él. A su debido tiempo, él sentirá ese transmisor y conectará con él, y ahí tendrás tu conexión.

El segundo requisito para dar y recibir mensajes telepáticos conscientes es la claridad del pensamiento. En cierta ocasión, vi en un periódico de Nueva York unas imágenes obtenidas fotografiando pensamientos. Una de estas imágenes representaba el edificio Flatiron. El edificio aparecía como una columna fluctuante de humo negro, con algunos puntos de luz aquí y allá, cerca de la parte superior, que representaban ventanas.

Muchos de nuestros pensamientos son demasiado vacilantes e imprecisos para ser reconocidos por el perceptor. En los experimentos telepáticos, toma cosas sencillas, obsérvalas cuidadosamente y luego imagínalas mentalmente con todo detalle.

Al enviar mensajes de palabras, pronuncia las palabras muy clara y lentamente en tu pensamiento, repitiéndolas varias veces, deletreándolas cuidadosamente, siguiendo cada letra con precisión mientras las deletreas, todo esto sin mover los labios. Esto es una buena práctica mental y justifica el tiempo empleado, aunque los resultados en la transmisión del mensaje no sean perfectamente satisfactorios.

La claridad del pensamiento se desarrollará en ti practicando de este modo, y de otros modos, y cada año te encontrarás más positivo, exacto y contundente en tus pensamientos, así como más sensitivo a los pensamientos de los demás.

Para recibir el pensamiento de otro, siéntate tranquilamente en el silencio, déjate llevar y prepárate para recibir. La práctica hará el resto por ti. Esto en cuanto a la telepatía a través de la relación personal.

Resumamos ahora con una breve exposición sobre la naturaleza y los usos de la telepatía.

Del mismo modo que hay dos tipos de mente, consciente y subconsciente, también hay dos tipos de telepatía. Una es subconsciente e inalámbrica, y prácticamente está fuera de nuestro control. Las telepatías subconscientes nos llegan incesantemente desde todas las direcciones. Para todos los efectos, nadamos en un mar de mensajes de este tipo. Y nuestro subconsciente recibe cualquiera de esos mensajes que está preparado para recibir. Todos los centros ganglionares de tu cuerpo, empezando por el gran centro simpático, el plexo solar, que puede compararse con la ciudad de Nueva York; desde ahí hasta el ganglio más pequeño de tu cuerpo, que son miles, y que pueden compararse con las pequeñas aldeas rurales de nuestra tierra; cada uno de estos centros es una estación marconigráfica, cada uno de los cuales ha sido programado por ti para recibir determinados mensajes de las vibraciones atmosféricas y etéricas en las que vives.

Y esto no es todo: cada célula de tu cuerpo es un receptor individual de mensajes por cuenta propia. Y todas y cada una de las células actúan en función de los mensajes recibidos, al igual que tú y yo.

Cada ganglio receptor y cada célula son codificados por ti. Recuérdalo. Más adelante aprenderemos cómo hacer la codificación.

Ahora bien, ten en cuenta que toda esta recepción de mensajes por parte del noventa y cinco por ciento de tu yo, se realiza por debajo tu mente consciente, fuera de ella. Pero los informes sobre esos mensajes llegan al cinco por ciento de tu yo consciente, a través de los nervios.

Todo esto tiene una analogía exacta con el trabajo de la comisión del ex presidente Roosevelt sobre la prevención de la crueldad con los granjeros y sus esposas. La comisión efectuó fuera de Washington, que es la cabeza, todo su trabajo de recepción de mensajes de los agricultores, en el noventa y cinco por ciento de nuestro país. Después se encargó de recopilar y coordinar esos mensajes y de informar de las opiniones resultantes al yo consciente de EEUU, representado por el Congreso.

Ahora queda que el Congreso codifique este país para que los próximos mensajes de los agricultores informen de cosas mejores.

Observa que Washington no escucha ni sabe cuando tú y yo recibimos mensajes de Inglaterra o Alemania; no es informado cuando exponemos nuestros descontentos en las reuniones del pueblo y en los clubes locales; pero el consenso de estas cosas lo recibe en el Congreso, el yo consciente de EEUU, a través de los canales regulares. Y Washington, por su cuenta, recibe mensajes de países extranjeros que no llegan por la vía subconsciente; igual que tú y yo recibimos ocasionalmente un mensaje telepático consciente.

La telepatía es un poder natural de todo ser humano, utilizado principalmente de forma inconsciente, o más bien subconsciente; pero susceptible de desarrollarse en el plano consciente, mediante la aspiración, la concentración, la claridad del pensamiento y la práctica.

INMIGRACIÓN MENTAL

Todos estamos destinados a entrar en conexión con el mundo entero a través del medio inalámbrico de la conciencia cósmica. Esta relación siempre ha sido nuestra, inconscientemente. Siempre hemos vivido en un mar de mensajes que nos llegan de los que nos rodean, y de los que vivieron y pensaron antes que nosotros y se fueron dejando el aire cargado con sus mensajes. Somos herederos de todas las épocas de pensamiento, y vivimos en y por un mar de pensamiento al que recurrimos de forma subconsciente, pero no por ello menos eficazmente.

Esta gran reserva subterránea de nosotros mismos constituye aproximadamente el noventa y cinco por ciento de nosotros, y a través de ella hemos recibido y estamos recibiendo, y actuando, diez mil mensajes telepáticos de todos los rincones de la tierra y del cielo, mensajes que recibimos como si vinieran en la mayoría de los casos de nuestro interior, pero que realmente vienen de fuera y son recibidos por nosotros.

No hay forma de determinar cuántas de nuestras acciones y sentimientos se deben a esta recepción subconsciente de mensajes telepáticos, pero se puede afirmar con seguridad que aproximadamente la mitad o las tres cuartas partes, o más, de nuestros sentimientos y acciones son estimulados así desde el exterior. La proporción es tan grande que algunos científicos han declarado que somos totalmente el producto de nuestro entorno, y estos mismos científicos consideraron exclusivamente la parte físicamente rastreable de nuestro entorno. Sus instrumentos no pudieron medir las fuerzas telepáticas y ocultas de nuestro entorno. Fue necesario el siglo XX para que la humanidad se desarrollara hasta el punto de vislumbrar este lado invisible y potente de la vida, que los más grandes científicos están investigando ahora.

Y mientras tanto, tú, yo y ellos hemos crecido en sabiduría y conocimiento, y también en maldad, principalmente recibiendo y actuando sobre estas mismas telepatías subconscientes; llamando a estos impulsos "nuestros".

Son "nuestros", en el sentido de que todos somos uno, utilizando el mismo aire, la luz, el sol, la sabiduría, Dios, la misma atmósfera psíquica y mental para crecer. Son "nuestros impulsos" exactamente igual que el centro de la estrella es el propio centro de cada punto.

Por esa misma razón, ¿ves por qué es tan difícil que uno de nosotros se salve completamente del pecado, de la enfermedad, de la muerte, del pensamiento falso, hasta que todos se salven?

Todo el tiempo estamos recibiendo alguna medida de impulso hacia estas cosas por telepatía subconsciente.

Pero hay una manera, y esa manera está indicada por el último invento del telégrafo sin hilos, que permite que una estación de recepción esté configurada de tal manera que no capte los mensajes en otras claves.

Cada individuo tiene la clave de este problema en su interior. Puede ajustarse a cualquier tono que desee, de modo que las ondas de pensamiento de otros tonos pasen desapercibidas.

Las emociones o simpatías son las que deciden nuestro tono. Éstas constituyen la vida del noventa y cinco por ciento subconsciente de nosotros, y de su tono depende el tipo de vibraciones de pensamiento a las que respondemos a pesar de nosotros mismos y de todos nuestros elevados propósitos y deseos conscientes.

Estas emociones y simpatías constituyen lo que la Biblia llama "el corazón". Lo que una persona tiene como clave en su corazón determina lo que atrae como entorno e impulso del corazón. Y recuerda que el entorno incluye ese mar subconsciente de mensajes telepáticos, creencias raciales y herencias en el que vivimos y por el cual somos impulsados subconscientemente.

Esta es la razón por la que el individuo imán no siempre atrae lo que es consciente de desear. Su deseo consciente puede estar en contradicción con su deseo subconsciente. Y como sabes, el yo subconsciente pesa diecinueve veces más que el yo consciente. No es de extrañar que sus deseos sean los que manden. No es de extrañar que su nota clave cuente en las armonías o discordias de tu vida.

Sin embargo, ese pequeño cinco por ciento del yo es poderoso. Es el "Dios en lo Alto" de ti. Es el "Señor Dios" de ti, y de la Biblia; y se le da todo el poder en tu yo subconsciente, así como en tu yo consciente.

Ese pequeño cinco por ciento del yo es el que pone a tus emociones y simpatías a trabajar en la recepción de mensajes.

Ese pequeño cinco por ciento del yo es más poderoso que todos los que están por debajo de él, y su palabra es ley. Incluso su palabra ociosa es ley, deja su huella subconsciente en ti y te conduce a más palabras ociosas. Y estas palabras ociosas tienen vida en sí mismas y atraen según su tipo.

Las palabras ociosas, al igual que las palabras buenas y las palabras malas, atraen cada una según su tipo, y cada una construye su estación marconi en ti, codificada con mensajes de su tipo.

Eres como los Estados Unidos, y tu cinco por ciento consciente es una especie de Isla Ellis. Los buenos, los malos y los indiferentes de todo el mundo llegan a la isla Ellis, allí son inspeccionados, algunos son rechazados, otros son autorizados a entrar y establecerse. Los que son autorizados a entrar se establecen donde hay otros de su clase. Algunos lo consiguen con métodos falsos. Otros son rechazados porque los inspectores de la isla Ellis se equivocan, o porque un prejuicio los excluye, como en el caso de ciertos anarquistas.

Del mismo modo, tú estás situado en tu isla Ellis y diez mil pensamientos pasan para revisión ante ti. Algunos los rechazas, por buenas razones o por prejuicios, y siguen su camino dejándote intacto, sin cambios. Otros pensamientos son admitidos y acogidos por ti, y se dirigen a la gran América de tu noventa y cinco por ciento sub-yo, y allí encuentran un asentamiento agradable donde establecen sus hogares, se reproducen según su especie, y reciben y actúan sobre telepatías externas de su clase.

No obstante, la mayoría de los pensamientos que pasan por tu isla Ellis son del tipo que llamas indiferente, ni buenos ni malos, simplemente regulares; tan buenos como los pensamientos de la mayoría de la gente, supones; "suficientemente buenos", "inofensivos de todos modos"; y a éstos también los dejas entrar, y encuentran ciudades de pensamiento afines y se establecen allí, reproduciéndose según su especie y enviando y recibiendo telepatías subconscientes afines.

Algunos de tus asentamientos de pensamientos son buenos y te hacen sentir bien; y otros son malos y te provocan malos sentimientos; y algunos de ellos se asientan en barrios bajos, ¡y te hacen sentir muy mal cuando eres consciente de ellos!

¡Y tu pequeña isla Ellis lo hizo todo! A pesar de que no creaste precisamente tu América subconsciente, al menos invitaste al pueblo a establecerse en ella, y su gobierno y sus males, así como sus bendiciones, son el resultado natural inevitable, sin nadie a quien culpar más que a ti mismo.

Sin embargo, no tienes la culpa porque no sabías nada mejor y estás aprendiendo con la experiencia.

Así que, en adelante, vas a ser muy estricto en tu Isla Ellis. No entrarán más delincuentes ni incompetentes, ¡está decidido! Rechazarás a los indeseables con una negativa y darás la bienvenida a los deseables con un sí, una afirmación.

Pero, qué hacer con los que ya están dentro, ¡esa es la cuestión! ¿Cómo vas a hacer para que se te coloque por encima de todos esos asentados que parecen tan firmemente plantados y tan persistentes en aumentar y multiplicarse según su especie, y tan decididos a introducir de contrabando otras influencias de su especie por la vía telepática subconsciente?

CAPÍTULO 11

ACCIÓN Y REPOSO

La afirmación positiva es el mandato que codifica tu cuerpo; igual que los mandatos enviados por el Congreso codifica a los Estados Unidos.

No obstante, hay que hacer algo más que dictar leyes a su ser y ordenar a sus personas-pensamiento que las cumplan. También debe descansar de sus labores mentales de elaboración de leyes y dar a sus personas-pensamiento, conscientes y subconscientes, suficiente tiempo para descansar y recrearse. "Dios da a su amado aun mientras duerme". El individuo da su fuerza de pensamiento y su emoción mientras piensa y trabaja, y debe tener el descanso del cambio y del sueño, de lo contrario, lo dará todo, hasta que sea incapaz de dar más.

La acción se debe alternar con el descanso, la inspiración con la expiración; y te corresponde a ti, como legislador de tu ser, velar por que cada célula de tu cuerpo reciba su dosis completa de descanso y cambio.

¿Y cómo puedes saber cuánto descanso necesitan tus funciones corporales, en su totalidad o en parte? Solo escuchando su informe. La alegría de ser es la prueba de que no estás trabajando en exceso, al menos con una parte de tu organización de pequeños seres celulares.

Mantener una buena "cabeza", una cabeza de entusiasta alegría es la única manera segura y sana de "disfrutar de Dios". Y ése es tu principal fin en la vida. Es cierto que de vez en cuando puedes seguir trabajando hasta que tengas tu segundo impulso, o tu tercer impulso. Pero no puedes seguir viviendo con tu segundo o tercer impulso, y aquel que lo intente saldrá como el Dr. Worcester. Tendrá que tomarse un largo descanso para equilibrar el largo exceso de trabajo en el segundo impulso.

La alegría de vivir es la prueba de que se vive bien, la prueba de que no estás convirtiendo en esclavos a una gran parte de tu pequeña gente célula. La ley de la rectitud, tanto en ti como en el mundo comercial, es la de "menos horas y mejor trabajo" de tus energías.

Al igual que la sabia gente de negocios de hoy en día se encarga de la vida sana, la educación y el esparcimiento de sus trabajadores, tú debes cuidar las necesidades y los deseos de tus pequeñas personas-pensamientos.

Te sitúas en relación con las vidas y energías de tus células exactamente como Dios se sitúa en relación contigo. ¡No seas un dios exigente y esclavista! Ama tus energías, goza de ellas, mantenlas bien recreadas mediante el descanso y el cambio de trabajo.

No intentes pasar las barreras de la fatiga. ¿De qué sirve? Mantén una buena cabeza de entusiasta alegría todos los días y durante todo el día y harás un mejor trabajo y más de él, y estarás en mejor forma para conseguir tu segundo impulso o tercer impulso, si en algún momento surge una verdadera necesidad de tener que soportar un esfuerzo. Ten el sabio cuidado de no sobrecargar ninguna parte de tu cuerpo. No te conviertas en una mano de molino con largas horas de trabajo sin pensamiento ni amor.

Y no dejes que gran parte de tu pensamiento se evapore de la parte superior de tu cabeza mientras tu cuerpo está inactivo. Dirige gran parte de tu pensamiento a través de tu cuerpo en un trabajo inteligente, pero no pases la barrera de la fatiga en ningún tipo de trabajo innecesariamente. Suelta y cambia cuando tu cuerpo empiece a necesitarlo. Tu instinto es la verdadera guía en esto: confía en él y sigue adelante.

La práctica hace la perfección y desarrolla el poder.

Ejercitar todas las partes del cuerpo y de la mente por turnos, cambiando siempre el campo de ejercicio antes de que baje la alegría de ser —no la alegría de hacer—, es cumplir el fin principal del individuo, que es disfrutar del Bien, o de Dios.

Ahora bien, todo esto debe provenir de un impulso interior del corazón, no de un simple plan de cabeza muerta.

Amar lo que haces es necesario para disfrutar de ello y de Dios. Y hacerlo con un propósito mayor que el del simple desarrollo personal es una exigencia absoluta del Dios que hay en ti. Eres un miembro de "un Todo maravilloso" cuya alma es tu alma; y esta alma tuya no puede estar satisfecha si no se desarrolla tu ser, no para ti solo, sino para el bien del todo.

El trabajo útil para el bien de los demás es la exigencia de tu ser, y sin él no puedes disfrutar de Dios en ti, por muy sistemáticamente que ejercites tus energías. Un propósito potenciador es una exigencia inherente de tu ser. Para disfrutar realmente de la vida debes trabajar para los demás, y hacerlo de tal manera que tu propio desarrollo llegue a través de ese trabajo útil para los demás.

Si diriges una tienda de comestibles con el propósito principal de obtener dinero para ti, no podrás disfrutar plenamente del trabajo ni de Dios en él. Si tu propósito principal es el de satisfacer las necesidades de la gente de la mejor manera posible a precios justos, solo hay una cosa que puede estropear tu disfrute de Dios en el trabajo, y es bajar tu cabeza entusiasta y alegre por una dedicación demasiado constante sin cambio para la recreación.

Si amas tu trabajo y te dedicas a él de forma inteligente, no desmedida, ayudas al mundo y te desarrollas al mismo tiempo.

Y si tus actividades recreativas están bien elegidas, proporcionando una completa relajación de los pensamientos de negocios y con la actividad interesada en áreas de pensamiento y áreas musculares totalmente diferentes, tu desarrollo será mucho más rápido, completo y satisfactorio para el alma.

La vida que satisface al alma es una vida de actividad y desarrollo total, la vida del equilibrio, la vida natural, la vida simple, la vida en la que la relajación es igual a la aplicación, y en la que, por muy complejo que sea el modo de vida, la mente y el cuerpo son libres de pasar fácilmente y con alegría de una cosa a otra.

Nuestra antigua concepción de la vida es una línea recta, un esfuerzo hacia adelante; ahora estamos aprendiendo que es un equilibrio, un balance entre pensar y hacer que libera amor en cada actividad.

¿Suena complejo todo esto? En realidad es muy sencillo: significa simplemente soltar mentalmente, y seguir el deseo. Significa creer que Dios desea en ti, y que siguiendo el deseo aprenderás a cumplir el fin principal, esto es, disfrutar de Dios, o del Bien.

Si hay tensión en tu vida, proviene de una idea antinatural de la vida. No intentes estar a la altura de nada —suelta y deja que el impulso de tu interior te mueva a cada acción. De lo contrario, no actúes. Acepta el impulso interior como bueno, por mucho que parezca estar en desacuerdo con tus antiguas ideas del deber creadas por el individuo.

Esta nueva forma de asumir tu bien y vivir desde el impulso interior puede poner tu vida al revés durante un tiempo. Cuando llegué a ver la artificialidad y la tensión de mi vida (hace unos quince años) y lo solté, ¡dormí durante tres semanas!

Me desperté y sentí que "debía".

Declaré que estaba bien, y que mi impulso de dormir era bueno, me di la vuelta y me dormí de nuevo.

Entre sueño y sueño hice lo absolutamente necesario para que los demás en la casa no se murieran de hambre.

Por fin, una tarde surgió un verdadero deseo de levantarme, limpiar la cocina y preparar una buena cena.

Después de eso, me dejé llevar por mi deseo-impulso, lo seguí hasta donde me movía, y luego volví a descansar mientras otro deseo se gestó en mi interior. El resultado fue: (1) el disfrute real del bien al llevar a cabo el impulso; (2) una fe y prueba crecientes de que mis deseos-impulsos eran guías correctas para la acción, y la falta de ellos eran la señal correcta para la inacción; (3) un número creciente de estos deseos-impulsos desde el interior, con una creciente energía física para llevarlos a cabo.

El impulso correcto —y la paz mental— y la fuerza física me llegaron al confiar y actuar con mis propios deseos-impulsos y ahora-impulsos como la voz de Dios dentro de mí.

Encontré el reino de los cielos dentro de mí, donde se genera el impulso de vida, e hice que mis pensamientos y acciones estuvieran en armonía con él.

Todas las demás cosas se añadieron rápidamente.

La salud del yo vino primero, pero no la salud completa. Llegó el impulso de trabajo, con el poder de hacer.

Llegó el deseo de sanar a otros, y con ello el poder. Ese deseo llegó antes de sanarme a mí misma, por completo; y descubrí que la autosanación llegaba más rápido si sanaba a otros, y que mis limitaciones no impedían que otras personas respondieran a mi "palabra perfecta".

Cómo utilicé el subconsciente en muchas sanaciones de otras personas de la familia y del vecindario; cómo me convertí en un centro solar de sanación y cómo descubrí y apliqué varios principios nuevos de sanación espiritual se cuentan en mis pequeños escritos "Experiencias de autosanación" y "Cómo despertar el plexo solar", y no es necesario repetirlo aquí.

Lo que sí debo mencionar es que descubrí que la sanación de los demás es la mejor práctica para la sanación personal, el poder y el desarrollo.

Comienza siempre los tratamientos para ti o para los demás con:

(1) Meditación;

(2) Respiración completa;

(3) Negaciones, si es necesario;

(4) Afirmaciones positivas, repetidas;

(5) Silencio, que puede terminar en sueño.

CAPÍTULO 12

PRÁCTICA DE LA PROSPERIDAD

El ser humano es un imán. Ser opulento por dentro es cargarse con el magnetismo que atrae a los amigos, las ideas y el dinero. La actitud mental correcta traerá riqueza a través de cualquier canal de negocio que no vaya en contra de la creencia que tiene el individuo sobre lo correcto.

En primer lugar, elige el negocio que deseas, aquel para el que te sientas capacitado o especialmente adaptado. Si no puedes elegir —por ahora— entonces adáptate al negocio en el que te encuentras. Amar tu trabajo, a las personas con las que te encuentras, a ti mismo, y a tus medios y bienes, es absolutamente esencial para cultivar el éxito. Todo esto puede llegar a ser molesto, una vez que se ha establecido tu negocio exitoso y tu éxito sigue avanzando, sin embargo, para crear un negocio exitoso debes poner en cada uno de sus detalles cantidades ilimitadas de interés y pensamiento amorosos.

Es más fácil generar el interés amoroso si puedes elegir tu trabajo; pero es posible hacerlo en cualquier negocio donde puedas servir a las necesidades reales de las personas. Dudo que una persona del Nuevo Pensamiento pueda tener éxito como cantinero, porque las cantinas se dedican a aquello que destruye al individuo, no a lo que lo construye; y el conocimiento de este hecho saca el corazón del cantinero que aprende que todas las personas son sus hermanos.

Para cultivar el éxito, empieza donde debes, aunque no sea donde te gustaría. Dedica tu pensamiento amoroso a conseguir el mayor éxito artístico posible de cada detalle del trabajo a medida que va surgiendo. Un gran éxito se compone de diez mil pequeños éxitos en los detalles, todos ellos unidos con fe y amor por el trabajo en su conjunto.

El espíritu que hay en ti es la única guía segura para el éxito de tu negocio en su totalidad. Pregúntate qué puedes empezar a hacer ahora para que crezca el éxito. Se trata de lo que puedes hacer o estás haciendo ahora, a menos que tu espíritu te inste a dar un paso definitivo hacia otra cosa.

Cuando tu espíritu te inste a dar un paso definitivo, dalo; mientras tanto, pone tu amor en conseguir éxitos a cada hora, allí donde te encuentras.

Conseguir cien éxitos diarios en los detalles, allí donde estás, y emplear parte de tu tiempo de ocio y de tu pensamiento en prepararte con una buena reserva de herramientas para trabajar en alguna nueva línea hacia la que te incline tu ser, es el camino hacia el tipo de éxito que exige tu ser.

Pero recuerda que tu principal objetivo es disfrutar del bien en cada día y hora de trabajo. Pon tu interés amoroso en el ahora, y pide a tu espíritu que te ilumine sobre cómo organizar tus detalles para obtener de ellos los resultados más rápidos en alegría y crecimiento.

Pide estas cosas al espíritu de tu deseo, y sigue su impulso con fe. No preguntes a tus vecinos o amigos, ni a tu propio sentido de convencionalismo. Sigue el impulso de tu deseo y ten fe en los resultados.

Cierra los ojos y los oídos para no escuchar críticas, excepto las de tu deseo.

En la práctica se demuestra.

Tú eres el trabajador de tus éxitos. Nadie puede ayudarte, a no ser que te proporcione una herramienta para trabajar. En ese caso, debes utilizar la herramienta.

La educación te proporciona herramientas. Por ejemplo, un amigo puede enseñarte contabilidad, y tú la utilizas o no, según te indique tu deseo.

Pero los convencionalismos no son herramientas, son sendas hechas por otras personas. Utilízalas cuando te faciliten el camino, pero cuando tu deseo-impulso prefiera un nuevo camino, un atajo, por el amor de Dios, ¡tómalo! Solo así podrás hacer tus propias huellas en las arenas del tiempo. Sé auténtico siguiendo tu propio deseo-impulso hacia nuevos caminos. ¿Quién sabe si el mundo necesita tus nuevos caminos? Y, de todos modos, los necesita para cumplir el fin principal de tu presencia aquí.

Amar tu trabajo; seguir tu deseo al cultivarlo; utilizar herramientas, métodos, como te impulsa tu deseo; utilizar el sentido común en todas las cosas; ser justo contigo mismo en cuestiones de dinero antes de ser pródigo con los demás; contar con todos los gastos y permitirte una ganancia justa por encima de todo; pagar en efectivo y exigir dinero en efectivo (o lo más cerca posible); hacer la debida provisión para lo imprevisto; manejar siempre un saldo de ahorro acumulado para el día de la oportunidad; hacer todo esto con alegría; crecer en sabiduría y en conocimiento y en bondad amorosa al hacerlo; y al hacerlo ayudar y bendecir al mundo en el que vives; todo esto constituye la vida exitosa que toda alma desea.

Cada alma puede conseguirlo si confía en su propio impulso interior y valora su alegría de ser por encima de todos los resultados materiales.

El tratamiento para el éxito es el mismo que para la salud: afirmaciones repetidas, en tiempo presente, con ánimo positivo. Yo Soy lo que deseo manifestar.

No intentes influenciar a los demás —sé y haz aquello que te atrae.

Recuerda que el éxito, al igual que el cielo, es una actitud mental que crea una residencia local. El éxito viene primero en el pensamiento, y a medida que el patrón de pensamiento se va desarrollando, el amor crea a su imagen y semejanza.

Lee "La ciencia de hacerse rico" de Wallace D. Wattles, y mis libros: "Cómo hacer crecer el éxito";

"Cómo despertar el plexo solar" y "Experiencias de autosanación". Este último contiene mis propias experiencias de superación de la pobreza.

CAPÍTULO 13

PRÁCTICA Y PRINCIPIOS DE SALUD Y PROSPERIDAD

Me pregunto si ahora te estás dando cuenta de la gran verdad de que este universo es una gran Presencia amorosa viviente que siente, piensa y ama a través de ti y en ti. Y que tu principal finalidad es ser la gloria de esta Presencia y disfrutarla para siempre.

Conocerte a ti mismo es conocer la Presencia Divina y sus caminos dentro de ti. El camino hacia este conocimiento e iluminación es el camino de la aspiración y la inspiración; el camino de la comunión con esta Única Presencia Amorosa; el camino de la dedicación y la consagración; el camino de la resignación a la voluntad de la Presencia Única, confiando en que paso a paso se revelará la sabiduría de la Presencia Única.

La oración de Salomón es una de las más valiosas: "Da, pues, a tu siervo un corazón con entendimiento".

No es suficiente rezar o aspirar a la sabiduría, si antes no te entregas a ser servidor de esa sabiduría. Y tampoco basta con pedir sabiduría solo para uno mismo, pues la sabiduría es Una, y no te concede favores que sean perjudiciales para tu prójimo.

Únicamente cuando tu propio centro subconsciente se entregue a desear el bien de todos, podrás entrar en verdadera relación con la Presencia Amorosa, de modo que la verdadera alegría, así como la sabiduría de la misma, sean tuyas.

No puedes disfrutar de Dios, la Presencia Amorosa, si no la glorificas y la exaltas por encima de todo, por encima de ti mismo.

Resignación, consagración, aspiración, luego exaltación del espíritu. Después de esto se añadirán todas las cosas.

Este trabajo se realiza en tu pensamiento. Recuerda que tu pensamiento codifica tu cuerpo.

Esto no significa que el cuerpo no sea nada y no tenga ningún efecto sobre el pensamiento, sino que el pensamiento es todo lo que hay en él. El pensamiento no es una nada vaporosa arrojada por el cuerpo; el pensamiento es del mismo material idéntico que el cuerpo.

El cuerpo es pensamiento congelado, y lo que comúnmente llamamos pensamiento es positivo al cuerpo y actúa sobre él. El pensamiento es para el cuerpo lo que el vapor es para el hielo.

El pensamiento es como el vapor que se genera en una caldera y se convierte en un movimiento inteligente de nuestro cuerpo.

Piensa un momento: ¿Qué parte de tu cuerpo puede controlar un pensamiento en tu mente? ¿Puede todo tu cuerpo sacar un pensamiento de tu mente? No. Todo tu cuerpo puede estar tan paralizado que no puede actuar, y sin embargo habrá pensamientos en tu mente.

Pero un solo pensamiento de tu mente puede mover tu cuerpo en cualquier dirección; un pensamiento de alegría puede impulsarlo a la vida; un pensamiento de miedo puede detener su maquinaria para siempre. Un solo pensamiento puede hacer o deshacer un cuerpo, pero cien cuerpos no pueden detener un pensamiento, una vez reconocido.

Ahora bien, esto no significa que el pensamiento y el cuerpo sean cosas separadas, como tampoco significa que el pensamiento no tenga poder o que el cuerpo no tenga importancia. Solo significa que sin el pensamiento el individuo se cae y se desploma por los suelos; que el pensamiento es el poder-sabiduría que dirige la acción y la evolución del cuerpo, y sin él nos convertimos en seres embrutecidos e idiotas.

No, no es el cuerpo el que hace al idiota; el pensamiento de su madre se desvió en alguna parte y moldeó el pobre cuerpecito de su bebé no nacido, construido por el pensamiento pero en negativo, de modo que el verdadero yo no puede pensar a través de él. El cuerpo del idiota es una cosa incompleta que limita la expresión de su pensamiento.

En efecto, aunque el cuerpo no puede controlar el pensamiento, porque es negativo al pensamiento que se expresa a través de él, puede limitar la salida del pensamiento, al igual que un molino harinero pequeño o incompleto puede limitar la producción de harina. El molino no regula el suministro de trigo que se convertirá en harina, pero su capacidad determina la cantidad y la calidad de la harina que puede producir.

En el caso del molino, tanto el molino como el trigo son negativos, no tienen ningún efecto de cambio entre sí. Pero el molino del pensamiento humano, el cuerpo completo, incluido su cerebro, se ve muy afectado por el pensamiento que produce.

Esto es un hecho más allá de toda duda; y este hecho me parece una prueba positiva de que tanto el cerebro como el pensamiento son desarrollados y utilizados por un «Tú» que es positivo para ambos; que se mantiene en relación con el cerebro, el cuerpo y el pensamiento como el molinero con el molino y el trigo; es positivo para ambos, y cambia y mejora ambos tan pronto como puede para aumentar el tamaño y la calidad de la producción.

Me parece que este «Tú» positivo es la energía evolutiva del universo, y es idéntico al "Dios desconocido" que Pablo trató de "declarar" a los atenienses, y que los eclesiásticos y los maestros laicos han tratado de comprender y declarar desde entonces.

Que el cuerpo y el cerebro son utilizados por un poder invisible que se llama a sí mismo «Yo»; «Yo Soy el que Soy»; o «Yo Soy lo que declaro ¡y más!» es para mí una suposición probada incluso sin los dictados de los científicos. Siento y sé, por la observación y la introspección, que utilizo mi cuerpo y mi cerebro, que invoco nuevos pensamientos; que los comando.

Esto lo sabía Víctor Hugo cuando escribió en sus últimos años esas palabras inmortales que encuentran eco en muchos corazones:

«Siento dentro de mí esa vida futura. Soy como un bosque que ha sido talado; los nuevos brotes son más fuertes y más vivos que nunca. Estoy subiendo hacia el cielo, lo sé. El sol está sobre mi cabeza. La tierra me da su generosa savia, pero el cielo me alumbra con el reflejo de mundos desconocidos.

Dices que el alma no es más que la resultante de las potencias corporales. ¿Por qué, entonces, mi alma es más luminosa cuando mis facultades corporales empiezan a fallar? El invierno está en mi cabeza, pero la primavera eterna está en mi corazón. Respiro en esta hora la fragancia de las lilas, de las violetas y de las rosas como a los veinte años. Cuanto más me acerco al final, más claramente escucho a mi alrededor las sinfonías inmortales de los mundos que me invitan. Es maravilloso, pero simple. Es un cuento de hadas y es historia.

"Hace medio siglo que escribo mis pensamientos en prosa y en verso; historia, filosofía, drama, romance, tradición, sátira, oda y canción; lo he probado todo. Pero siento que no he dicho ni la milésima parte de lo que hay en mí. Cuando baje a la tumba podré decir, como muchos otros, "he terminado mi jornada". Pero no puedo decir: "he terminado mi vida". Mi jornada volverá a empezar a la mañana siguiente. La tumba no es un callejón sin salida; es una avenida. Se cierra en el crepúsculo, se abre en el amanecer».

El hecho de que el cerebro, el cuerpo y el pensamiento no siempre me obedezcan, no demuestra que yo sea menos yo, sino que el cerebro, el cuerpo y cada pensamiento que he llamado a la existencia están dotados de volición y sabiduría propias dentro de mí y por mí, que cada pensamiento es una criatura mental con voluntad propia, creada y sujeta a esos mismos siete principios dilucidados en los tres primeros capítulos de este libro.

El descontrol de mis pensamientos y de mi cuerpo hecho de pensamientos solo demuestra que están vivos por derecho propio; que el reino que intento gobernar es un reino de seres vivos, no de masilla muerta.

Pero hay otras pruebas de que yo y mis pensamientos somos uno en el mismo sentido que el Padre y yo somos uno; que mi cuerpo y mis pensamientos son literalmente mi cuerpo vivo y mis pensamientos vivos —no yo mismo.

Para una prueba científica formal de que tu cuerpo y tu cerebro son instrumentos, no tu ser real, lee "Cerebro y personalidad" de William Hanna Thomson.

Para los fines actuales, supongamos que esto es cierto: que actúas sobre tu cuerpo para producir un pensamiento consciente, el cual, a su vez, actúa dentro de tu cuerpo para producir un cuerpo más fino y, a su vez, un pensamiento aún más fino.

Si asumimos esto o lo aceptamos como probado, no podemos evitar ver el punto de que los pensamientos de nuestra mente son lo único por lo que debemos preocuparnos. Si solo dejamos que los pensamientos beneficiosos pasen por la puerta de nuestra isla Ellis mental no es necesario que los vigilemos para asegurarnos de que no hagan daño. Podemos sentarnos con serenidad y confiar en que se establecerán donde les lleve la atracción, y se encargarán de su trabajo de mejorar las condiciones en nuestro interior.

En otras palabras, pensamos la palabra en nuestro cosmos y enseguida deja su huella allí, según su especie.

Hace una o dos generaciones, Estados Unidos dejó entrar a un hombre llamado Roosevelt. El Tío Sam no le puso policías para mantenerlo alejado de las fechorías. De las actividades naturales de este hombre surgieron el buen trabajo, el matrimonio, los hijos, los nietos, Theodore Roosevelt y la huella para el bien que ha dejado. Todo a partir de un pequeño hombre al que se le permitió entrar.

Esto es un paralelismo exacto, y en absoluto una exageración, del poder que ejerce el tipo de pensamiento correcto al dejar su huella en tu cuerpo. Sí, un paralelismo exacto; porque tus palabras-pensamiento forman las células o familias de tu cuerpo, y éstas aumentan y se multiplican, y trabajan y piensan, y ejercen una influencia en todo el cuerpo, igual que las personas en todo el mundo.

Las mismas leyes actúan en todas partes, en cada átomo y célula.

Así que la vida correcta se resuelve en el pensamiento correcto. Se resuelve en una cuestión de buen gobierno del pensamiento-personas; un gobierno que permita que los mejores pensamientos se asienten en su cuerpo y lo mejoren; un gobierno que contemple las necesidades de todos sus pobladores, que conserve y desarrolle sus recursos naturales; que eduque a cada uno de sus habitantes y dé a cada uno sus oportunidades y responsabilidades para ayudar al conjunto; un gobierno de la cabeza que no desprecie ninguna parte como algo corriente, que honre la mano, el pie, los órganos excretores, los órganos sexuales también, y desarrolle cada uno para el bien de todos.

La eugenesia, al igual que la higiene, debe gobernar dentro del cuerpo personal si quiere gobernar alguna vez dentro del mundo.

Ahora, la pregunta es: ¿cómo vamos a poner en orden nuestro reino?

No podemos acabar con todos los pensamientos malvados y falsos que hemos dejado entrar en el pasado, como tampoco podemos acabar con todos los delincuentes y criminales de los Estados Unidos y entregar el país a la gente buena, culta y respetable.

Solo hay un camino abierto tanto para el individuo como para la nación: En adelante, admitir solo los pensamientos y las personas deseables; educar para el servicio útil a todos los que ya están dentro de las puertas; refrenar y educar a los que no respetan la ley; y confiar pacientemente el resto a esa ley de la naturaleza que dice que "los malvados no vivirán ni la mitad de sus días" mientras que "los justos heredarán la tierra".

Y esta última cláusula es la más importante, y la primera. Porque sin la confianza en la ley del bien —el principio evolutivo de la naturaleza, si prefieres ese término— sin la confianza en Dios como el poder que obra todas las cosas para el bien y lo mejor, como dice el religioso; sin esta fe en el resultado del esfuerzo, ningún gobierno podría esforzarse por mantener fuera al invasor indeseable, o por educar para un servicio útil a los que ya están dentro de sus fronteras. Tampoco el individuo, sin la confianza en esta misma ley en sí mismo, podría reunir la energía necesaria para prestar el mismo servicio para su cuerpo hecho de pensamientos. La falta de fe en la Única Presencia Viviente y en la Ley de la Evolución es la causa del pesimismo. Horace Fletcher dice que "el pesimismo es una enfermedad". De hecho, lo es. El pesimismo es una parálisis progresiva, y su cura es la fe y el trabajo.

En la isla [3]Ellis tienen una serie de reglas definidas mediante las cuales juzgan a un inmigrante antes de dejarle pasar por las puertas. Del mismo modo, tú y yo necesitamos un principio mediante el cual juzgar los pensamientos que permitimos en nuestra mente. La mejor regla que conozco aparece en una de las epístolas de Pablo: "El fruto del espíritu es amor, alegría, paz, paciencia, amabilidad, bondad, fe, mansedumbre (la mansedumbre de un niño), templanza (en todo); contra esto no hay ley".

Así que los pensamientos que traen amor, alegría, paz, paciencia, amabilidad, bondad, fe, mansedumbre y templanza deben ser invitados a nuestra mente y recibir todo el estímulo para que habiten en nosotros, y aumenten y se multipliquen, y cuiden de sí mismos, y nos glorifiquen, nos embellezcan y nos hagan más saludables.

---

[3] La isla Ellis se convirtió en la principal aduana de la ciudad de Nueva York. Entre 1892 y 1954 aproximadamente doce millones de inmigrantes fueron inspeccionados allí, tanto legal como médicamente.

Cuando tengas dudas sobre un pensamiento, mídelo con estas nueve palabras y devuélvelo si no está a la altura.

¿Es un pensamiento amable? ¿Es un pensamiento que irradia alegría o paz? A veces no puedes ver la alegría en un nuevo pensamiento que surge, pero siempre puedes saber si su entrada traerá paz. ¿Es un pensamiento que aporta paciencia, mansedumbre, bondad? ¿Es un pensamiento que aporta un sentimiento de templanza? Sobre todo, ¿es un pensamiento provisto de fe —fe en Dios dentro de ti y en Dios dentro del otro?

Si el pensamiento puede responder honestamente que sí a estas preguntas, abre la puerta de par en par y déjalo entrar. En caso contrario, devuélvelo al pozo sin fondo del que salió. Pero no te preocupes si se niega a desaparecer de tu vista, o si vuelve una y otra vez. Sigue rechazándolo hasta que se desanime y deje de venir.

La mejor manera de evitar que aparezca ante tu puerta es darle la espalda y ocuparte de los pensamientos que pueden pasar el examen sin problemas.

La puerta dentro de ti es la puerta de la Elección, o de la Voluntad. Puedes elegir abrir tu puerta a un pensamiento, o puedes elegir cerrarla. Como el pensamiento está vivo en sí mismo, puede quedarse rondando si decides cerrarle la puerta en las narices, pero no puede entrar en ti ni hacerte daño hasta que tú decidas permitírselo.

Tu elección es la única parte poderosa de tu ser sobre la cual tienes un control absoluto. "Escojan hoy a quién van a servir". Escoge en este momento qué pensamiento vas admitir.

La práctica en la elección del pensamiento correcto hace la perfección; y, poco a poco, tu cuerpo y tu cerebro estarán tan asentados y gobernados por los pensamientos correctos que los incorrectos dejarán de asediarte para que los admitas. Porque, como sabes, la ley de la atracción funciona aquí: aquel que se ha asentado en los malos pensamientos, recibirá más malos pensamientos. Los vándalos evitan ciertas ciudades bien gobernadas de Massachusetts como lo harían con una peste; así, los pensamientos vándalos evitarán la mente que sea positiva para ellos.

Aquí entran las actitudes mentales positivas y negativas que desconciertan a tanta gente. La elección es la puerta que, cuando está cerrada, te convierte en positivo, y cuando está abierta, te hace negativo.

No puedes permanecer siempre en esa puerta, despierto y dormido, para vigilar la entrada, del mismo modo que el Congreso no puede permanecer siempre en la isla Ellis juzgando a los inmigrantes. Sin embargo, puedes hacer dentro de ti exactamente lo que hace el Congreso: emitir un mandato que haga que determinados conjuntos de células cerebrales dentro de ti desempeñen ese oficio.

Nunca ves a esas células, como tampoco el Congreso ve a los inspectores de la isla, pero están asignados a su trabajo de la misma manera, y son tan fieles en el trabajo como lo requiere la firmeza de tu mandato.

Tú eres el legislador de tu ser, y a tus órdenes están todos los funcionarios competentes necesarios para el trabajo y todas las organizaciones policiales, de investigación y de la marina necesarias para velar por su cumplimiento.

No existe ninguna función o funcionario del gobierno público que no tenga su analogía exacta dentro de ti.

A este respecto, recomiendo que leas algunos capítulos sobre la vida y la organización de las células en "La Salvación Natural" de C. A. Stephens. En mi opinión, las conclusiones finales de ese libro son de un alcance limitado, pero la descripción científica de la organización humana es maravillosamente vívida y exacta.

Puedes enviar a tu ser un mandato para que acepte a los pensamientos que puedan pasar la prueba y que rechace los pensamientos que no pueden; puedes reiterar ese mandato positivamente, con calma, con firmeza, en ciertos periodos fijos cada día, sin preocuparte mucho en el intervalo; y si eres fiel a la práctica, es tan seguro que verás los resultados a su debido tiempo como el mundo ve florecer las flores en primavera —por la misma ley de crecimiento.

La reiteración paciente y persistente enviada a tu cuerpo echará raíces, crecerá y producirá según su especie con la misma seguridad con la que crecen las semillas de naranja si se plantan en el lugar adecuado.

El hecho de que tengas o no fe en la práctica no importa. La fe es necesaria para el proceso, pero si tienes la suficiente fe para mantenerte en la práctica, esa fe crecerá como cualquier otra semilla plantada, y con el tiempo tendrás toda la fe que necesites.

En la acción, plantas tu grano de fe, y la ley natural del crecimiento se encarga del resto.

Cualquier cosa que desees puedes manifestarla en tu cuerpo enviando tus mandatos de amor, alegría, paz, paciencia, fe, templanza, y confiando en la vida que hay en ti para que haga el resto.

No hay nada bueno que puedas imaginar para nuestra gente de los Estados Unidos que no pueda ser ejecutado por ellos, si les das tiempo y buenos mandatos para trabajar.

Si tienes la percepción de la conciencia cósmica, sabes que todo el bien se está desarrollando entre nosotros, y tu alegría, entusiasmo y amor crecen con el pensamiento.

Incluso dentro de ti se está desarrollando todo el bien. Estás construyendo mejor de lo que crees. Tus ideales y deseos son «Tú» e incesantemente se están elaborando dentro y a través de ti, así como dentro del mundo.

Despierta ahora, y acepta tu bien como algo seguro, y trabaja conscientemente por él y con él. Toma tu dominio en el único lugar que puedes, en tus pensamientos, y el espíritu de toda la vida hará el resto.

CAPÍTULO 14

INTERACCIÓN DE LA MENTE Y EL CUERPO

Todos nosotros queremos, en primer lugar, ser liberados del pecado y de la enfermedad; y luego de la pobreza. Creo que te he mostrado por antítesis que el pecado no es más que una falta del ideal, que es nuestro yo superior y positivo, y que constituye nuestra concepción de lo que nosotros y nuestras acciones "deberían" ser. A medida que aumenta nuestro ideal, cambia nuestra concepción de lo que constituye el pecado. En todo momento, ese "debería" nos impulsa a vivir de acuerdo con nuestro ideal, pero no siempre podemos hacerlo porque nuestro ideal está por delante de nuestra capacidad de hacerlo realidad. Mientras no comprendamos esto y nos perdonemos a nosotros mismos por nuestras deficiencias, estamos destinados a sufrir esa sensación de pecado. Mientras no nos entendamos a nosotros mismos y a nuestra relación con la Vida Única,

pensaremos que lo que buscamos es el perdón de Dios —
un Dios que está fuera de nosotros.

Para suplir esta necesidad de perdón vinieron Jesús y
otros salvadores, que sabían que eran uno con el Padre, y
que en su nombre hicieron rodar esa carga paralizante del
pecado de los corazones ignorantes del ser.

Este era un recurso necesario y útil mientras la
inteligencia humana se desarrollaba hasta el punto de
encontrar a Dios en su propio corazón, el Dios del amor y
de la sabiduría —no de la ira y de la venganza— que está
dispuesto a perdonar todos sus defectos y a impulsarle
siempre a un nuevo esfuerzo.

El "debería" en todo corazón humano crea un
sentimiento de pecado o de falta, y este pecado debe
encontrar algún tipo de perdón, o la esperanza muere y no
hay alegría en el esfuerzo. El perdón del pecado es
necesario. "Dios estaba en Cristo reconciliando al mundo
consigo mismo" —no reconciliándose a sí mismo con el
mundo, como suponía naturalmente el que estaba cargado
de pecado. Mientras la persona cargada de pecado no se
reconciliaba, se sentía demasiado desanimada para volver
a intentar vivir de acuerdo con ese ideal suyo de lo que
"debería" ser y hacer.

Perdónate a ti mismo conociéndote a ti mismo. Elige
admitir y propiciar pensamientos de perdón a ti mismo.
Pero recuerda que para perdonarte a ti mismo primero
debes perdonar a todos los demás.

La falta de perdón se manifiesta en tensión y miedo, no
importa si se trata del no perdón a uno mismo o a otra
persona. "Conocer todo es perdonar todo". Conócete a ti

mismo y a todos los demás como expresiones incompletas y en crecimiento de Dios, y podrás perdonar todos los fallos.

Para hacerlo, lleva contigo esos doce planos de la plataforma del Nuevo Pensamiento al silencio y vive con ellos. Hazlo cada día. Toma una tabla cada vez y vive con ella, medita con ella, reza con ella, piensa con ella durante una semana. Dedica periodos especiales, dos o tres veces al día, para "sostener el pensamiento" declarado, manteniendo el pensamiento en silencio, esperando y escuchando la iluminación del texto por parte del Espíritu Único.

Al cabo de una semana, retoma la siguiente tabla de la misma manera. Sigue así con las doce afirmaciones completas. Al final de las doce semanas de trabajo fiel, no te costará ningún esfuerzo perdonarte a ti mismo y a todo el mundo.

La mayoría de tus enfermedades, si no todas, desaparecerán con tus rencores, con tu falta de perdón. Porque los sentimientos duros están en el fondo de todas las enfermedades, por no decir que son lo único que está en el fondo de ellas. De hecho, los sentimientos duros, literalmente, son el endurecimiento de los sentimientos y de todo el sistema nervioso, y éste es el comienzo de toda enfermedad.

Los sentimientos duros provocan el endurecimiento de los nervios y luego de las arterias. Esto provoca el cierre del suministro de sangre en alguna parte o partes del cuerpo, y aparecen inflamaciones, tumores, cánceres, etc. Así, la enfermedad crece desde la simple dolencia de los sentimientos duros hasta los dolores violentos de la desintegración que se aproxima.

Recuerda que los pensamientos, los pensamientos endurecidos, están en el fondo de todo esto.

La cura es el pensamiento suavizador —pensamientos que despiertan el amor, la alegría, la paz, la fe en Dios, en los demás y en uno mismo; pensamientos de paciencia, mansedumbre, templanza.

"Ama a tus enemigos, haz el bien", es el nuevo pensamiento específico contra el pecado, la enfermedad, la pobreza y la propia muerte.

Existen muchas formas específicas de tratar la enfermedad, y la mejor fórmula que puedes utilizar es la tuya, no la mía. De hecho, no tengo ninguna fórmula; utilizo el pensamiento que llega a mi mente en relación con algún caso particular, teniendo siempre cuidado de expresarlo en modo positivo y en tiempo presente.

Esto es lo que Paul Militz llamaba la "palabra perfecta", la afirmación de que el asunto está bien *ahora*.

"Voy a estar bien" te hará seguir adelante, pero no te hará llegar. "Ahora estoy bien", respaldado por una acción templada y utilizado persistentemente, hará el trabajo.

La misma palabra perfecta puede aplicarse a cualquier parte específica del cuerpo que resulte estar especialmente endurecida y enferma, así como a tu ser en su totalidad.

Hoy en día, todos los científicos están de acuerdo en que "la sangre es la vida de la carne", como se dice en el Antiguo Testamento.

Los médicos actuales diagnostican mediante análisis de sangre. Miden la calidad de la sangre a través de una lupa; como también la presión de la sangre, que indica con precisión el grado de endurecimiento de las arterias, a través de la tensión nerviosa o del depósito de calcio. La finalidad de todos los médicos avanzados es, en primer lugar y en último lugar, hacer que la sangre sea rica y mantener la presión arterial normal. Pero, el hecho de que dependan totalmente de los fármacos para conseguirlo es un infortunio para ellos y para los pacientes.

Sin embargo, incluso esto está siendo superado gracias al nuevo movimiento del Dr. Cabot y otros, que han comenzado a desarrollar en Boston una especie de movimiento propio de Emancipación, enseñando a sus pacientes cómo sustituir los medicamentos por el pensamiento correcto y la vida correcta.

El científico mental dice que el pensamiento y los sentimientos correctos son esenciales para la salud.

El científico físico dice que todas las enfermedades son enfermedades de la sangre, y que lo esencial es la sangre pura y con buena circulación.

Pues bien, yo digo que ambas cosas son igualmente esenciales para una mente y un cuerpo sanos. Y también digo que ninguno puede existir sin el otro; que el pensamiento correcto y la "sangre pura" actúan y reaccionan el uno sobre el otro; que lo que afecta a uno tiene su mismo efecto sobre el otro. El alma, la mente y el cuerpo son uno, construidos de una sola sustancia.

En la universidad de Yale, los profesores y los estudiantes experimentan mucho con un dispositivo llamado cama muscular. Consiste en una mesa de dos metros colocada con tanta delicadeza como la balanza de un farmacéutico. Una persona se recuesta de cuerpo entero sobre esta mesa, exactamente en el centro, de modo que los extremos estén equilibrados. El profesor le da un problema complejo para que lo resuelva mentalmente. Él hace cálculos en su mente. Al cabo de un momento, la parte de la mesa donde se encuentra la cabeza se inclina lentamente hacia abajo. El esfuerzo de pensar en ese problema hace que la sangre suba a la cabeza y la delicada balanza lo demuestra.

A continuación, se vuelve a equilibrar la mesa con exactitud para realizar otra prueba. "Ahora piensa en tus pies" —dice el profesor. La persona piensa con firmeza en sus pies. Después de un momento, se inclina lentamente hacia abajo la parte de la mesa donde se encuentran los pies. La sangre aumenta en sus pies cuando piensa fijamente en ellos.

Esto te indica por qué son eficaces los tratamientos mentales para un órgano o centro nervioso especial. La sangre y la Palabra trabajan juntas justo en el punto donde se necesita un esfuerzo especial.

Puedes pensar para que la sangre se dirija a cualquier parte de tu cuerpo, y la sangre llevará el alimento a esa parte, y sacará los desechos y el veneno de la misma.

Recuerda que la propia sangre está hecha pensamiento y dirigida por el pensamiento; es pensamiento subconsciente en su naturaleza; y que tu pensamiento consciente es siempre el que da el mandato a tus pensamientos-personas subconscientes. Comparar los leucocitos o fagocitos de la sangre con los policías es algo verdadero, no una metáfora. Pronuncia la Palabra perfecta para tu cuerpo como un todo, y para cada parte que parezca necesitar un cuidado especial, y confía en las pequeñas personas-sangre para que cumplan tus órdenes.

En este punto llegamos al aspecto físico de la vida, que es una tontería tratar de ignorar. La sangre puede ser purificada o contaminada por el pensamiento; puede volverse lenta o fluida por el pensamiento; sin embargo, también puede ser contaminada o purificada, su circulación puede ser lenta o fluida por medios físicos.

Y la Vida dice que hay límites bien definidos, más allá de los cuales la mente no puede ir sin el cuerpo, ni el cuerpo sin la mente. Para comprobarlo rápidamente, solo tienes que encerrarte en el cuarto de baño, tapar la cerradura, cerrar la ventana y abrir el gas. Luego, piensa lo mejor y más fuerte que puedas, y comprueba si te sirve de algo. Una media hora de esto te convencerá a ti y a tus amigos.

¿Te das cuenta de que el ejercicio del cuerpo es absolutamente esencial, o el pensamiento se detendrá tarde o temprano? La respiración es un ejercicio del cuerpo. Respirar es algo que *debes* hacer si quieres vivir y pensar. Y, evidentemente, debes tener el aire adecuado para respirar o, de todos modos no podrás respirar mucho tiempo. Encerrado en el cuarto de baño con el gas abierto, ni todo tu pensamiento ni tu voluntad podrán mantenerte respirando más que unos minutos. Por lo demás, tu pensamiento consciente se detendrá mucho antes de que lo haga tu respiración. ¿Has visto alguna vez a una persona morir de asfixia? Mucho después de que deja de ser consciente, sus pulmones siguen trabajando para que le entre aire.

Evidentemente, hay algo en el aire que respiramos, y no podemos pensar ni vivir sin su uso constante. El científico físico dice que es el oxígeno; yo digo que es el oxígeno y una serie de éteres más finos de los que todavía sabemos poco o nada.

En cualquier caso, el hecho es el mismo: debemos inflar y desinflar continuamente nuestro cuerpo con aire, o no podremos pensar. Así pues, el ejercicio corporal de la respiración es indispensable para el ejercicio mental del pensamiento, y viceversa.

C. A. Stephens dice que la conciencia y el pensamiento consciente son causados por una especie de conciencia cósmica corporal constituida por todas las pequeñas personas-células de nuestro sistema nervioso "dándose la mano", por así decirlo, en una cadena continua de actividad mental de cada célula para el bien de todo el cuerpo.

Durante las horas de vigilia, todas nuestras personas-células se ocupan de los asuntos del conjunto. Imagina las células nerviosas "tomadas de la mano" y enviando mensajes de una a otra a través de esas manos tomadas, cada célula es un especialista que recibe y envía mensajes para el bien del conjunto. Con esto, quizás puedas captar la idea del Sr. Stephens respecto a lo que es la conciencia.

Ahora imagina que todas las pequeñas personas-células se cansan y dejan de trabajar por la noche, todas sueltan las manos y cada célula se relaja, descansa, juega por su cuenta, limpia su casita, cena y se va a la cama — como tú y yo después de un día de trabajo— imagina esto y tendrás una buena idea de lo que ocurre cuando nos cansamos y nos vamos a dormir. En el tiempo de vigilia, las células de nuestro cuerpo realizan el trabajo necesario del conjunto; mientras dormimos, nuestras células realizan su propio trabajo personal, juegan, descansan, se recrean, duermen como quieren y deben.

Es posible que nuestros sueños sean visiones de pequeñas representaciones teatrales organizadas por algunas de nuestras personas-células para su propia diversión.

Con esta visión de la conciencia personal, el Sr. Stephens te aconseja, naturalmente, que no le des a tu gente-célula un día demasiado largo. Te aconseja que cada noche duermas ocho horas o más, un sueño reparador y profundo, inducido por un cariñoso saludo a tus pequeñas gente-células para que corran a casa y se diviertan.

Otros científicos médicos afirman encontrar lo que llaman "venenos de la fatiga" generados por todo tipo de actividades, los cuales inducen al letargo y al sueño en las células de la parte ejercitada. Según ellos, estos venenos de la fatiga afectan plenamente solo a los órganos que los generan, de modo que las células de un órgano pueden dormir mientras las de otro están frescas y activas, y viceversa. Esto explica por qué mientras nuestra mente consciente duerme, nuestro estómago u otros órganos están trabajando; y por qué un conjunto de músculos descansa mientras otro se ejercita; por qué un paseo enérgico al aire libre o un ejercicio respiratorio de diez minutos corrige el cansancio cerebral.

De acuerdo con este nuevo pensamiento del científico médico, los venenos de la fatiga son una disposición benéfica de la naturaleza para hacer descansar a los individuos. Durante el descanso se eliminan todos los venenos.

Entre tú y yo, creo que esos venenos de la fatiga son los excrementos y efluvios naturales de las pequeñas personas-células, y que simplemente sueltan las manos y limpian la casa después de las horas de trabajo, igual que tú y yo.

El flujo sanguíneo lleva el alimento a cada parte, órgano y célula del cuerpo, y arrastra las aguas residuales. Este flujo sanguíneo debe ser pleno, puro y tener una buena circulación o habrá problemas. La mente debe hacer su parte para regular la sangre, pero no puede hacerlo todo, como pudiste comprobar en ese baño cerrado con el gas abierto.

La respiración es el ejercicio del cuerpo que mantiene la circulación de la sangre. Los pulmones tienen más que ver con la regulación de la circulación de lo que tiene el corazón, como puedes comprobar fácilmente con unos cuantos ejercicios. Deja que una persona con un "corazón débil" practique la respiración uniforme, esforzándose por hacer cada exhalación tan lenta y uniforme como la inhalación, y pronto encontrará que su corazón y su circulación se encuentran bien y que su control mental ha mejorado mucho.

William Hanna Thomson dice que la locura es una enfermedad de la sangre; y todo el mundo sabe que cuando su sangre se adelgaza y se vuelve lenta, sus pensamientos corren como la melaza en enero, y sus sentimientos son como pollos sueltos, aleteando, revoloteando disparatados. Cuando tu sangre es delgada, no importa cuál sea la causa, eres negativo para todos los gérmenes que crecen, y ni siquiera puedes pensar con claridad.

El pensamiento erróneo, la falta de la cantidad adecuada de ejercicio corporal para mantener la sangre en su curso, el hecho de no masticar bien los alimentos nutritivos, y los venenos o los gérmenes, constituyen las cuatro fuentes de contaminación de la sangre. Cualquiera de estas causas, o varias, o todas, pueden estar activas en un mismo caso.

Cuando se trata de un caso crónico, puedes apostar con seguridad que todas las causas están activas, ya que una causa no puede vivir mucho tiempo por sí misma en el organismo humano. Todo se desordena desde el alma hasta los pies, y todas y cada una de las partes reaccionan sobre las demás.

Entonces, el buen sentido común te dice, que elimines en lo posible las cuatro causas de la mala irrigación sanguínea, ¿no es así? Controla la dieta y ejercita tus mandíbulas; ejercita moderadamente todos los órganos del cuerpo, en particular los pulmones; piensa lo más elevado y pacífico que puedas.

Envía tu mandato de salud a toda tu mente y a todo tu cuerpo; pero dales tiempo a tus pequeñas personas-células para que descansen y se regeneren para la tarea que les has encomendado.

El primer paso hacia la salud es dar la menor cantidad de pasos posibles, pero que éstos sean del tipo que les den a tus pequeñas personas-células las condiciones adecuadas para trabajar.

La primera necesidad del enfermo es el descanso —el descanso absoluto. Deja de atiborrar el estómago con cualquier cosa hasta que las energías celulares tengan tiempo de expulsar los "venenos de la fatiga", la materia en descomposición que les hace gemir en su trabajo.

Tus energías necesitan oxígeno para quemar los cultivos de gérmenes dentro de ti, la suciedad. Respira, respira aire bueno, fresco y cargado de oxígeno. La respiración es el único ejercicio que el enfermo no puede hacer en exceso, a menos que intente respirar aire viciado.

Aire fresco, aire exterior bien respirado es lo que el enfermo *debe* tener si quiere deshacerse de los venenos y gérmenes que le están matando.

Debe tener agua, toda la que pueda tomar, para que su sangre corra libremente y se lleve los venenos.

No debe comer nada durante varios días, porque se necesita energía para digerir y asimilar los alimentos, y la energía del enfermo debe ir primero a la limpieza de la materia venenosa.

El cuerpo de un enfermo se encuentra en la misma situación que la cuidad de Mesina después del terremoto —lleno de cuerpos celulares en descomposición que deben ser eliminados rápidamente, una tarea que requiere toda la energía y pide más.

Todas las personas deben ser alimentadas, sí, y todas las células deben ser alimentadas. De la misma forma que la ayuda llegó rápidamente a Mesina, la ayuda llega rápidamente a las partes enfermas del cuerpo desde los almacenes que están disponibles.

Este es el verdadero significado de la inflamación en el cuerpo: una oleada de sangre y de personal-celular para limpiar el problema. Los médicos aplican ahora hielo para regular la inflamación, de modo que el personal-celular pueda trabajar mejor —del mismo modo que el gobierno aplicó la ley marcial para retener a las multitudes que no podían o no querían ayudar a limpiar en Messina, y también en San Francisco.

Las multitudes retrasan el trabajo de limpieza, y cada átomo de comida por encima de la línea que es absolutamente necesaria, hace lo mismo. Imagina a los trabajadores de Mesina deteniéndose para cocinar y comer tres o cuatro codornices con tostadas cada día, para evitar que se echen a perder, y luego tomando el descanso habitual después de una gran comida, y verás el punto.

La comida que ingiere el enfermo no hace más que aumentar el trabajo y los cúmulos de descomposición de los que hay que deshacerse, o la pestilencia entra en acción.

El oxígeno para hacer arder los fuegos; el agua para mantener la corriente sanguínea clara y fluida; el ejercicio pulmonar para mantener el oxígeno y la sangre fluyendo;

estos son los indispensables para el enfermo. ¡La mente hace el resto!

¿Comprendes el punto? Si todavía te sientes inclinado a discutir el uso de medios físicos, por favor, respóndeme a esta pregunta: Si la mente es todo, ¿por qué no dejar que la mente haga todo? ¿Por qué insistir en ayudar a la mente atiborrando con comida? ¿Por qué no eliminar la ayuda material más densa, la comida, y dejar que la mente, el aire y el agua hagan el trabajo?

¿Por qué no confiar en que la mente pedirá comida cuando la necesite? Ciertamente, nunca pide comida en el caso de una persona realmente enferma. Esto debería ser un indicio suficiente de que no la necesita.

Ahora, volvamos a nuestro centro.

La mente, o el alma, o Dios, dirige el cuerpo haciéndole respirar aire puro y exhalar los efluvios y las excreciones de sus innumerables miles de millones de personas-células.

Los órganos excretores se deshacen de la materia no asimilada, es decir, de los alimentos que se han ingerido sin la debida preparación o que no son necesarios.

He aquí la profecía: llegará el momento en que el canal digestivo del ser humano estará siempre tan limpio como el interior de la boca de un bebé, y no habrá excrementos; porque sabremos que no debemos llevar al estómago más de lo que podemos excretar a través de los pulmones y los poros. A su debido tiempo, nuestro estómago y nuestros intestinos seguirán a nuestro apéndice vermiforme y a nuestro coxis en el pozo sin fondo de todas las cosas innecesarias.

Comemos aire a través de los pulmones y los poros; y en el aire están todos los componentes de los alimentos.

¿Por qué no hacer toda nuestra alimentación y excreción a través de los pulmones y los poros, como lo hacen las plantas? ¿Por qué no comer aire, beber agua y excretar perfume como el lirio? Es deseable. Y el deseo es verdadera profecía.

CAPÍTULO 15

CÓMO VIVIR UN DÍA PERFECTO

Si fueras a correr una maratón, ¿te prepararías para ello durmiendo hasta el último minuto, saliendo de la cama a toda prisa, poniéndote cualquier cosa que tuvieras a mano y empezando a la mayor velocidad posible? Si lo hicieras, seguramente te quedarías en el camino antes de llegar a la mitad de la carrera.

Sin embargo, para el hombre y la mujer promedio, cada día es una pequeña maratón contra el tiempo, y muchos de nosotros la comenzamos con ese tipo de prisa desordenada. De no hacerlo, nos lamentamos y nos reprochamos, o nos quejamos por cada roce con los que corren la misma carrera junto a nosotros. Cuando Hayes ganó la maratón, se entrenó durante meses. Dejó de lado todas las desventajas de su vida; comió la comida más sencilla, mantuvo un horario regular, entrenó cuidadosamente todos los días, mantuvo su mente siempre polarizada en el único pensamiento del éxito en esa carrera.

Debido a que realizó esta cuidadosa preparación y corrió la carrera de la manera más juiciosa, comenzando muy suavemente y ganando velocidad a medida que avanzaba, terminó por delante de todos los demás, manteniendo siempre un buen ritmo.

En la misma carrera, Dorando y otros, salieron con la idea de distanciarse de todos en el primer kilómetro. Por esta razón, corrieron demasiado al principio y colapsaron antes de llegar a la meta. Habían gastado su energía con demasiada ligereza al principio, mientras que Hayes había administrado la suya.

La vida exitosa se compone de una sucesión de días exitosos, siendo cada día una pequeña maratón por sí misma. Si vivimos un día exitoso, nos preparamos sabiamente para vivir un día exitoso mañana; y así, día tras día, año tras año, durante toda nuestra vida.

Solo el día de hoy es nuestro. Hoy podemos hacer la preparación correcta, hacer la salida correcta y suave, correr la carrera exitosa con el tiempo, y cerrar el día como un vencedor. Este día es posible hacerlo. ¿Cómo debemos prepararnos para ello? ¿Cómo debemos administrar nuestras energías y dirigir nuestros esfuerzos?

Comencemos la noche anterior, acostándonos apropiadamente y a una hora razonable. Para ir a la cama apropiadamente, uno debe tener quince minutos de tranquilidad para una buena lectura, meditación y afirmación antes de cerrar los ojos.

Siéntate cómodamente y lee un capítulo del mejor libro que conozcas. Lee despacio y medita con frecuencia. Quédate tranquilo, déjate llevar y permite que el Espíritu te muestre el verdadero significado de lo que lees. Aspira a conocer la verdad, y recuerda que eres uno con el Espíritu de la Verdad, y que haces la conexión dejando que la Verdad entre en tu pensamiento, a través de la aspiración y la meditación.

"Estén quietos, y sepan que Yo soy Dios".

Después de leer, piensa en tu día, y recuerda todas las cosas buenas que han sucedido. Si surgen cosas desagradables, acepta su lección, pero niega su realidad, niega su poder, haz que desaparezcan y se olviden. Busca las cosas buenas de ese día, y con cada una que venga a tu mente da gracias al Espíritu Único que "obra en ti tanto el querer como el hacer para que se cumpla su buena voluntad". Invoca al Espíritu para que siga obrando en ti, ábrele tu mente, ámalo. Cuando te vayas a dormir recuerda que el Espíritu Único de amor, sabiduría y poder te envuelve y se mueve a través de ti mientras duermes, limpiando, rejuveneciendo, reorganizando, preparándote para el día siguiente. Di a ti mismo que dormirás profundamente, tranquilo, sin problemas, y que te despertarás por la mañana, brillante, entusiasmado y lleno de energía.

Al despertar, por la mañana, levántate. Frota tus ojos con prontitud, estírate con vigor y agrado solo medio minuto, y luego pisa con decisión el suelo. Haz algunos ejercicios físicos para hacer circular la sangre. Realiza unos cuantos ejercicios de respiración completa ante la ventana abierta. Báñate y vístete adecuadamente y con rapidez. Concéntrate en estas cosas y hazlas de la mejor manera posible, en el menor tiempo posible, pero sin prisa.

Si has hecho estas cosas con interés y buena voluntad, ya has realizado la mitad del trabajo de centrar y dirigir tu mente para un día de trabajo exitoso. Ahora completa tu preparación recordando de nuevo la única fuente de la que debes obtener sabiduría y poder para hacer de éste el día más feliz y exitoso de tu vida, hasta el momento. Agradece a este poder por trabajar en ti y a través de ti, y dirige tu mente para hacer caso a sus indicaciones.

Vuelve a leer durante unos minutos algún libro de gran poder, tal vez la Biblia o Emerson.

Lleva tu mente al ahora y recuerda que debes empezar con calma, como el exitoso corredor de maratón.

Si las cosas van mal, déjelas pasar. Lo único importante para ti es seguir con calma.

Alguien dijo que las personas no son totalmente civilizadas antes de las diez de la mañana. Esto quiere decir que la persona es tonta o irritable hasta que consigue empezar bien el día. Estas instrucciones pretenden ayudarte a concentrarte para empezar bien en quince o veinte minutos —para mostrarte cómo hacer en la primera media hora de tu día lo que la mayoría de la gente requiere de tres a cinco horas para hacer. Esto te permite tener un día más largo y un mayor poder sin restarle horas al sueño.

Una vez que te hayas conectado en pensamiento con la única fuente de sabiduría, poder y dirección correcta, dedica unos minutos de tu tiempo a planificar tu día. Divide tu trabajo en lo esencial, lo no esencial y los detalles. En la primera división pone las cosas que absolutamente deben hacerse, y junto con ellas asegúrate de incluir varios periodos cortos de descanso, en los que debes volver a leer libros de alto poder y reconectarte en pensamiento con la única fuente de poder y sabiduría. Asegúrate de no incluir en esta división esencial nada que pueda ser considerado como no esencial o como un detalle.

Al hacer este tipo de división de tu día obtienes un mejor sentido de proporción, y las cosas que se han quedado pendientes del día no te agobiarán con una sensación subconsciente de derrota.

Ahora estás debidamente preparado y dirigido para el día, en cuerpo, mente y alma. Comienzas con calma y ganas ímpetu a medida que avanza el día.

También ganas satisfacción a medida que avanza el día, porque descubres que cada cosa que realizas está bien hecha, es decir, que está hecha de la mejor manera posible, y la prueba de ello es la sensación de satisfacción que el pensamiento de ello despierta en ti. Tu día se convierte en una sucesión de cosas bien hechas, y con cada hora aumenta la sensación de éxito, la sensación de satisfacción.

Por la noche puedes estar cansado, pero tu subconsciente estará cantando. En el hacer bien hay una gran recompensa, y el hacer bien siempre se demuestra, paso a paso, por ese pequeño "bien hecho" subconsciente que es la bendición de Dios dentro de ti.

Cuando llegue la noche, recuerda ser agradecido. La gratitud asegura tu conexión con el único espíritu de sabiduría y poder, amor y alegría. Agradece por el poder que te permitió vivir un día exitoso. Encomiéndate en paz al único Espíritu, para que trabaje en ti su buena voluntad, mientras duermes. Di a ti mismo que estás entregando el alma, la mente y el cuerpo a los trabajos del amor y la sabiduría, y que te despertarás por la mañana brillante, entusiasmado y listo para avanzar.

Vive un día a la vez, vive un día exitoso y encontrarás que cada día es una preparación completa para uno mejor que viene. Esto es vivir una vida satisfactoria, una vida útil y de progreso.

Aprendí estas cosas en la escuela más caras: la experiencia. Mucho esfuerzo del alma, gran esfuerzo y pensamiento y práctica me dieron el secreto. Cada día de mi vida me glorifico más en él, y transmito el secreto a quien lo quiera utilizar.

CAPÍTULO 16

EL CANTO DE UNO MISMO

Creo que es a los teósofos a quienes debemos (?) la idea de que Dios es un ser muy exaltado y lejano, cuyos Señores gobiernan los sistemas solares en el espacio, dando sus órdenes a los Mahatmas, o algo así, algunos de los cuales lo diluyen, lo arreglan y lo transmiten mezquinamente a unos pocos mortales, poco comunes, dispersos por esta tierra, principalmente en Oriente.

Según esta filosofía, el espíritu está muy alejado del común de los mortales, y la única sabiduría que llega a los mortales tiene que filtrarse a través de seres muy superiores a dicho individuo.

Según esta teoría (porque es solo una teoría y nada más), Dios es demasiado intangible y superior para tener algo que ver con la dirección humana. Al parecer, los mahatmas se entretienen repartiendo sabiduría cuando y donde consideran conveniente. Y obtienen su sabiduría de los Señores superiores cuyo principal negocio en la vida es repartir la Sabiduría del Señor a los Mahatmas. Y así sucesivamente, hasta el infinito.

¿Por qué no tener un Dios antropomórfico y acabar con él? ¿Por qué tener todos esos Señores antropomórficos y Mahatmas entre tú y un Dios sublimado que no puede hablarte directamente y que, de todos modos, no se interesa por ti?

Me parece que este tipo de teoría no es más que una trituración del politeísmo. Hemos pretendido superar el politeísmo y aceptar un solo Dios, pero parece que algunos de nosotros solo hemos cambiado nuestros poli-dioses por poli-Mahatmas, y otros.

Aquí mismo quiero decir que no creo en un poli-Dios. Creo en Un Dios, que está tan cerca de mí y de ti, como de cualquier Mahatma o Señor de este universo, no me importa dónde esté ni con quién.

Creo que nos habla exactamente igual que a Jesús de Nazaret.

Creo que vivimos en él, y por él.

"En él vivimos, nos movemos y tenemos nuestro ser, y por él existimos".

Quita a Dios pura y simplemente, y no quedaría de ti más que un cadáver, tan muerto que los gusanos no podrían comerlo.

Quita a Dios de ti y ni todos los mahatmas de la cristiandad podrían hacerte mover un dedo, ni hacerte comprender que lo negro es negro y lo blanco es blanco.

Dios es tu vida, tu inteligencia, tu voluntad, tu amor, tu realidad.

Sin Dios serías un agujero en el espacio —si es que puedes imaginar algo así.

Sin Dios no podrías vivir, ni moverte, ni ser.

Dios te concibió y te mantiene en el ser, y si todos los Mahatmas y Señores de la creación fueran arrastrados a la nada, Dios seguiría formándote hasta que te convirtieras en un nuevo Mahatma y Señor más grande y mejor que los anteriores. Puedes alejarte de los Mahatmas y de los Señores, puedes hacerlo igual de bien sin ellos.

Pero no importa si te sientas en el cielo, caminas por la tierra o haces tu cama en el infierno, no puedes alejarte de Dios: hay un cordón umbilical espiritual que nunca se corta entre Dios y tú, a través del cual obtienes todo tu sustento.

Cualesquiera que sean los Mahatmas y los Señores que existan en el universo no pueden ser más que parteras en tu nacimiento espiritual, que es una actuación continua.

Mientras más Maestros, Mahatmas y Señores encuentres en la creación, más lejos de Dios estarás en la conciencia. ¡Bórralos del mapa! Haz tu propia unión con Dios, tal y como los Mahatmas y los Señores dicen hacer.

Esto no significa que no puedas aprender nada de ningún maestro, o Mahatma, o Señor, o cualquier otro instructor que haya en el mundo.

Puedes aprender algo incluso de los palos, de las piedras y de los arroyos que corren.

Los maestros del templo aprendieron de un niño de doce años, y yo he tenido la suficiente lucidez para aprender cosas de un niño de un año.

Hay momentos y ocasiones en los que puedes aprender mucho más de un bebé que del Mahatma más antiguo que haya existido jamás.

No desprecies al niño y adores al Mahatma. No tropieces con los palos y te caigas en los arroyos mientras contemplas con adoración a algún autodenominado "Maestro".

No creas todo lo que escuches de personas que pretenden ocupar altos cargos y tener conocimientos superiores.

Puede que estén fingiendo como puede que no. Pero, en cualquier caso, no pueden transmitirte nada de la sabiduría que Dios les ha transmitido a ellos.

Cree solo en la sabiduría que Dios te da en el santuario de tu propio corazón y mente. En otras palabras, piensa y descubre por ti mismo, toca a Dios por ti mismo y cree en la sabiduría que Dios te da, en lugar de aceptar las historias de otros que pretenden estar más cerca de Dios que tú.

Nadie está más cerca de Dios que tú.

Nadie es más querido por Dios que tú.

Nadie tiene el monopolio de Dios más que tú.

Observa que nadie tiene más fe en el Dios de su interior que tú.

Observa que nadie depende más absolutamente del Dios que hay en él, como tú dependes del Dios que hay en ti.

Haz la voluntad de Dios en tu interior, y sabrás qué creer en toda clase de temas.

Recuerda que Dios es Todo-Sabiduría, Todo-Poder y Todo-Presencia; que él es todas estas cosas en cada punto del espacio en este universo; que él es todas estas cosas dentro de ti, para que las uses, para que confíes en ellas, para que actúes.

Quédate quieto y conoce a Dios.

No confíes en otra autoridad que no sea la de tu propio corazón y mente, que es el corazón y la mente de Dios. Así crecerás en la conciencia del Dios Único, que es tu verdadero ser, poder y sabiduría, como lo es el verdadero ser, poder y sabiduría de todas las demás personas.

No llames Maestro a ningún hombre, no llames Maestro a ningún profesor, no llames Maestro a ningún Mahatma, no llames Maestro a ningún Señor. Solo Uno es tu Maestro, el que está dentro de ti.

Sabiduría de Ayer, para los Tiempos de Hoy

www.**wisdom**collection.com.

www.ingramcontent.com/pod-product-compliance
Lightning Source LLC
LaVergne TN
LVHW011205080426
835508LV00007B/603